《大学生健康指南》编写委员会

主 编
郭常义　罗春燕

编 委（以姓氏笔画排序）
贝品联　上海市普陀区疾病预防控制中心
冯晓刚　上海市疾病预防控制中心儿童青少年健康所
曲爽笑　上海市疾病预防控制中心儿童青少年健康所
朱仁义　上海市疾病预防控制中心传染病防治所
孙力菁　上海市疾病预防控制中心儿童青少年健康所
严　琼　上海市疾病预防控制中心儿童青少年健康所
杨东玲　上海市疾病预防控制中心儿童青少年健康所
吴寰宇　上海市疾病预防控制中心传染病防治所
何　懿　上海市疾病预防控制中心应急管理处
沈　鑫　上海市疾病预防控制中心结核病和艾滋病防治所
张　喆　上海市疾病预防控制中心儿童青少年健康所
罗春燕　上海市疾病预防控制中心儿童青少年健康所
周月芳　上海市疾病预防控制中心儿童青少年健康所
顾宝柯　上海市疾病预防控制中心传染病防治所
郭常义　上海市疾病预防控制中心

上海市疾病预防控制中心 / 编
郭常义 罗春燕 / 主编

大学生
健康指南

A HEALTH GUIDE
FOR COLLEGE
STUDENTS

上海大学出版社

图书在版编目(CIP)数据

大学生健康指南/上海市疾病预防控制中心编；郭常义,罗春燕主编. —上海：上海大学出版社,2020
ISBN 978-7-5671-3829-2

Ⅰ.①大… Ⅱ.①上… ②郭… ③罗… Ⅲ.①大学生-健康教育-指南 Ⅳ.①G647.9-62

中国版本图书馆CIP数据核字（2020）第052003号

出版统筹　邹西礼
责任编辑　贾素慧
封面设计　周清华
技术编辑　金　鑫　钱宇坤

大学生健康指南

上海市疾病预防控制中心　编
郭常义　罗春燕　主编
上海大学出版社出版发行
（上海市上大路99号　邮政编码200444）
（http://www.shupress.cn　发行热线021-66135112）
出版人　戴骏豪

*

南京展望文化发展有限公司排版
江苏凤凰数码印务有限公司　各地新华书店经销
开本850mm×1168mm　1/32　印张6　字数124千字
2020年4月第1版　2020年4月第1次印刷
ISBN 978-7-5671-3829-2/G·3098　定价　28.00元

版权所有　侵权必究
告读者：如发现本书有印装质量问题请与印刷厂质量科联系
联系电话：025-57718474

前言 | Foreword

我们正在经历历史上最长的寒假,这对每个人来说恐怕都会是终生难忘的。在全国上下团结一心抗击新冠肺炎疫情的日子里,感动于在一线奋战的医务人员、保障人员和基层工作者的无私奉献,为遭受疾病侵袭而倒下的人们深感悲伤的同时,我们需要的是行动起来,掌握知识的武器,为自己和他人的健康保驾护航。

《大学生健康指南》主要供在校大学生学习和参考。编写本书的目的是向大学生传授以新型冠状病毒防控为代表的大学生健康管理应知应会的知识和技能,介绍大学期间青年朋友们可能面临的健康问题的特征以及在学校层面和个人层面的防控方法。除了一些通俗易懂的健康常识,本书对一些健康问题的阐述,比如新型冠状病毒肺炎、常见传染病、慢性疾病、健康相关行为、心理健康问题、环境与健康等进行了较为系统的梳理,目的在于不仅让大学生知其然,而且能知其所以然。本书强调了公共卫生的概念和应用,在防控策略和方法的阐述中着重于学校与个人的相互配合,请读者在学习和实践过程中,能够从自身出发,帮助他人、维护环境、奉献社会,将自身的健康管理与学校、城市及国家的相关政策和制度相融合。

本书编写团队均来自上海市疾病预防控制和卫生保健工作

的一线人员,全书包括七章,涵盖了大学生人群所关注的健康问题的主要方面。在当今这个社会、经济、科技高速发展的时代,人们的生活方式和面临的挑战也会随之改变,因此书中内容可能还不够全面。对于新的问题,我们将在工作中及时发现并及时提出干预和管理的措施,也希望通过本书的修订来不断完善。本书的编写虽然时间紧促,但因为其内容均属我们多年从事公共卫生管理与疾病防控研究心得和经验的结晶,因此编写顺利,内容亦经得起检验。在编写过程中,大部分撰稿人同时还承担着防控新冠肺炎疫情的任务,书稿撰写基本在工作之余完成,其中不足和纰漏容或难免,期待读者朋友能够及时批评指正,以便我们修订完善。

上海市疾病预防控制中心
《大学生健康指南》编写组
2020年3月

目录 Contents

前言 / 001

第一章 公共卫生与大学生健康教育 / 001
    第一节　公共卫生基本概念 / 001
    第二节　突发公共卫生事件 / 005
    第三节　大学生主要健康问题 / 008
    第四节　高等院校卫生管理和工作要求 / 011
    第五节　大学生健康教育概述 / 013

第二章 学校新型冠状病毒肺炎防控策略与措施 / 023
    第一节　学校防控策略和措施 / 023
    第二节　学生个人自我管理措施 / 041

第三章 大学生常见传染病防控 / 046
    第一节　急性传染病防控 / 046
    第二节　慢性传染病防控 / 066

第四章 大学生常见慢性病和伤害防控 / 082
    第一节　常见慢性病防控 / 082

第二节　伤害防控 / 094
　　第三节　大学生常见生殖健康问题 / 111

第五章　大学生健康相关行为 / 119
　　第一节　吸烟和饮酒 / 119
　　第二节　不良膳食行为 / 124
　　第三节　身体活动 / 133
　　第四节　网络成瘾倾向 / 139
　　第五节　不安全性行为 / 145

第六章　大学生心理健康 / 151
　　第一节　大学生主要心理健康问题 / 151
　　第二节　心理健康教育和自我调适 / 158

第七章　环境与健康 / 162
　　第一节　室内环境与健康 / 162
　　第二节　高温与健康 / 163
　　第三节　雾霾与健康 / 165
　　第四节　垃圾分类 / 166

附件1：健康状况信息登记表 / 170
附件2：隔离观察结束承诺书 / 172
附件3：学校防控新型冠状病毒防护用品清单 / 173
附件4：学校消毒技术要点 / 175
附件5：师生发生或疑似传染病个人报告单 / 182
附件6：Young网络成瘾量表 / 183

第一章
公共卫生与大学生健康教育

第一节 公共卫生基本概念

公共卫生（public health）是关系到一国或一个地区人民大众健康的公共事业，是基于大众健康视角的社会管理。公共卫生具体包括对重大疾病尤其是传染病（如结核、艾滋病、SARS、新型冠状肺炎等）的预防、监控和治疗，对食品、药品、公共环境卫生的监督管制，以及相关的卫生宣传、健康教育、免疫接种等。例如对SARS、新型冠状肺炎的控制预防和治疗，即属于典型的公共卫生职能范畴。

一、公共卫生概念的形成

人们对公共卫生的认识经历了长期的不懈努力并在实践中进行了完善和总结：一百年前，温斯洛将公共卫生定义为："通过有组织的社区努力来预防疾病、延长寿命和促进健康及效益的科学和艺术。这些有组织的社区努力包括改善环境卫生，控制传染病，教育每个人注意个人卫生，组织医护人员为疾病的早期诊断和预防性治疗提供服务，建立社会机构来确保社区中的每个人都能达到适于保持健康的生活标准。组织这些工作的目的是使每个公民都能实现其与生俱来的健康和长寿权力。"美国学者C. E. 库普博士认为:"医疗卫生服务对我们所有人来说只是在某些时候是非常重要的,而公共卫生对我们所有人来说任何时候都是非常重要的。"美国医学研究所在1988年总结为:公共卫生就是社会为保障人人健康的各种条件所采取的集体行动。

中国2003年全国卫生工作会议明确指出:"公共卫生就是组织社会共同努力,改善环境卫生条件,预防控制传染病和其他疾病流行,培养良好卫生习惯和文明生活方式,提供医疗服务,达到预防疾病、促进人民身体健康的目的。"

二、公共卫生的发展史

公共卫生的概念是在医学家长期和疾病做斗争的过程中形成的。它是运用医学、工程学和社会科学的各种成就,用以改善和保障人群的健康、预防疾病的一门学科。它的医学基础来自预防医学。中国古代已有"上医治未病"的预防医学思想。古希腊希波克拉底在他的名著《关于空气、火、场所》一书中,亦将疾病与当地气候、饮水、居民体格和衣食住习惯等联系起来。美国的Holsinger J. W. 在他的《当代美国公共卫生》一书中指出:"公共卫生旨在预防和控制疾病、促进健康行为和改善健康环境以确保民众的健康。"

然而公共卫生和预防医学真正的发展是在17世纪欧洲工业革命时期。那时欧洲大量的农民从乡村涌向城市,工业生产从小作坊过渡到大工厂。居住密集、超时劳动、营养不良、饮水污染、粪便垃圾堆积如山、蚊蝇滋生等,导致伤寒、霍乱、痢疾、肺结核等疾病蔓延流行,居民健康状况恶化。为了缓解这些问题,政府首先开展了环境卫生整治,疏通上、下水道,净化饮用水,处理粪便垃圾,控制蚊蝇滋生,改善居住和营养条件。

人类在与疾病的斗争中,发展了传染病流行病学和消毒、杀虫、灭鼠、预防接种以及检疫等防疫措施;在改善劳动条件、防治职业病过程中,发展了劳动卫生和职业医学;在与营养不良和营养缺乏症的斗争中,发展了营养与食品卫生;从人类生老病死等全方位的预防保健出发,发展了围产医学、妇幼保健、学校卫生、老年保健等学科;并发展了一系列为上述学科作基础的卫生统计、卫生微生物和卫生化学。

进入21世纪,随着公共卫生面貌的改观和对急性传染病的有效控制,人们的健康有了很大改观;但随之而来的饮食结构配比不当、过度营养、不良生活方式以及各种环境污染,又给公共卫生带来了新的课题。

正确理解公共卫生的起源和定义,对我国公共卫生事业的发展以及经济社会的可持续发展都有着重要的现实意义。自地球上诞生生命后,生物就开始改变自身基因以适应环境的变化;而人类文明开始出现后,也开始通过改变环境来适应自己的基因要求,公共卫生即是人类改变环境的重要手段。人类从定居走向群居,随之而来的群体健康问题出现了,需要防控传染病,解决与生活相关的环境、食物和饮用水安全等问题。人类必须通过有组织的努力来解决群居带来的健康问题,公共卫生的概念和实践也就在这个过程中产生了。在公元1830年前,人类对农业革命副作用的应急反应,拉开了现代公共卫生前期的帷幕;而1830年后,人类对科学革命和工业革命副作用的应对反应提示了现代公共卫生时期的到来。现代化带来的威胁群体健康的新问题,促使人们需要应对传染病流行、规范环境、保护健康,由此孕育出现代公共卫生。现代公共卫生起源于英国,1848年英国国会通过了人类历史上第一个现代公共卫生法——《1848年公共卫生法》。在我国,始于1910年伍连德领导的东北三省防治鼠疫行动,在兰安生、陈志潜等人的努力下,培养了一批公共卫生人才,探索和积累了适合我国城乡社区公共卫生的模式和经验。1949年新中国成立后,由政府主导的应对公共卫生问题逐步发展成熟,确立了以预防为主的卫生工作方针,建立了全国卫生防疫体系、妇幼卫生保健体系以及全国爱国卫生运动体系。进入21世纪以来,我们经历了SARS、甲流以及新冠肺炎的危机,充分认识到公共卫生事关国家安全、国民经济发展和国家和谐社会建设,在习近平新时代中国特色社会主义思想的指导下,我们党和国家的各级政府部门通过补短板,努力构建新时代的公共卫生体系,保障国人健康和社会稳定。

三、公共卫生事业发展的现实意义

从公共卫生发展史看,我国目前的公共卫生是由国家主导的,在实践中证明了社会主义制度促进公共卫生事业发展的优越性。公共卫生追求的是公众的健康,是以保障和促进公众健康为宗旨的公共事业,通过国家和社会的共同努力,来创建人人享有健康的社会。

公共卫生与普通意义上的医疗服务是有一定区别的。公共卫生服务是一种成本低、效果好的服务，但又是一种社会效益回报周期相对较长的服务。各国政府在公共卫生服务中起着举足轻重的作用，并且政府的干预作用在公共卫生工作中是不可替代的。许多国家对各级政府在公共卫生中的责任都有明确的规定和限制，以利于更好地发挥各级政府的作用，并有利于监督和评估。

根据国家卫健委《国家基本公共卫生服务规范（第三版）》（2019年9月8日发布）的描述，国内开展的基本公共卫生服务有12项内容，即：居民健康档案管理、健康教育、预防接种、0～6岁儿童健康管理、孕产妇健康管理、老年人健康管理、慢性病患者健康管理（包括高血压患者健康管理和Ⅱ型糖尿病患者健康管理）、严重精神障碍患者管理、肺结核患者健康管理、中医药健康管理、传染病及突发公共卫生事件报告和处理、卫生计生监督协管，其一是针对全体人群的公共卫生服务，二是针对重点人群的公共卫生服务，三是针对疾病预防控制的公共卫生服务。

第二节　突发公共卫生事件

2007年颁布的《突发事件应对法》是我国第一部应对各类突发事件的综合性法律，其中把突发事件分为自然灾害、事故灾难、公共卫生事件和社会安全事件。对于突发公共卫生事件，

《突发公共卫生事件应急条例》将其定义为"突然发生,造成或者可能造成社会公众健康严重损害的重大传染病疫情、群体性不明原因疾病、重大食物和职业中毒以及其他严重影响公众健康的事件"。

重大传染病疫情指法定传染病或新发传染病发生暴发或流行的疫情,如2003年传染性非典型肺炎、2019年底出现的新型冠状病毒肺炎疫情就属于重大传染病疫情。群体性不明原因疾病是指在一定时间内(通常为2周),在某个相对集中的区域(如同一社区、学校、医疗机构、自然村、建筑工地等)内同时或相继出现多例临床表现基本类似的病例,且暂时无法明确诊断的疾病。重大食物和职业中毒主要是指急性群体性的中毒事件。

突发公共卫生事件具有突发性、群体性、危害性和复杂性等特征。事件往往发生突然,进展迅速,常造成群体广泛的危害,迅速成为整个社会舆论和媒体关注的焦点,具有明显的群体性和公共性;另外对于突发公共卫生事件较难做出准确的预警,也不易把握其发生发展的规律,在时间迫切、信息缺乏、公众高度关注的情况下,要迅速查明原因并做出正确的决策难度较大,有其复杂性,这对应急人员提出了很高的要求。

《国家突发公共卫生事件应急预案》中,根据突发公共卫生事件的性质、危害程度和涉及范围,将其划分为特别重大(Ⅰ级)、重大(Ⅱ级)、较大(Ⅲ级)和一般(Ⅳ级)4个级别。国务院负责特别重大突发公共卫生事件应急处置的统一领导和指挥,省、自治区、直辖市负责重大突发公共卫生事件,市(地)级负责较大突发公共卫生事件,县级负责一般突发公共卫生事件应急响应。

一旦启动应急响应,应本着边调查边处置的原则,立即采取控制措施。对于传染病类突发公共卫生事件来说,相关措施主要从控制传染源、切断传播途径和保护易感人群着眼着手。控制传染源方面,包括及时发现和隔离病例,还包括密切接触者的追踪和管理,以防止潜在的病例造成进一步播散。切断传播途径主要是针对传染病不同传播途径采取针对性的防控措施,对于呼吸道传染病来说,主要包括佩戴口罩、勤洗手、加强空气流通等措施;对于肠道传染病来说,主要包括饮食饮水卫生、粪便和垃圾处理等措施;对于虫媒传染病来说,主要包括病媒生物控制等措施。保护易感人群,一方面可减少人群暴露机会,减少发病,主要措施包括减少外出,尤其是不去或少去人群聚集场所或有高风险的场所、比如活禽市场等;另一方面可以提高人群免疫力,例如疫苗接种。此外,防控措施还包括加强病例救治、开展健康教育等。

针对不同级别的突发公共卫生事件,相应的政府按照各自权限牵头组织相应的控制措施落实。以2020年新型冠状病毒肺炎疫情防控为例,上海市于1月24日即宣布启动重大突发公共卫生事件一级响应。对于学校来说,在不同级别响应下应根据政府统一要求采取不同的应对措施。在四级响应下,学校防控重点是严防疫情输入,加强对于重点地区来沪师生的隔离医学观察,学校内部做好预防性消毒和健康教育。加强对于学校缺勤缺课监测工作,强化健康晨检和巡查制度的落实,一旦发现有可疑病例,在做好个人防护的前提下安排其及时前往就诊,并配合疾病预防控制机构做好密切接触者排查和医学观察,落实终末消毒和感染控制措施。三级响应下,学校要加强对于聚集性疫情的防控,在四级响应措施的基础上,加强对于病例周边密切接触者的排查和管理,应考虑对于发病班级、年级或学院采取部分停课,并减少集体活动和走班上课等易导致疫情播散的措施。二级响应下,学校要配合政府采取相应的"外防输入,内防扩散"措施,取消所有大型活动,严格落实进出人员的健康状况排查和登记报告,必要时采取关闭部分班级、年级或学院的措施。一级响应下,学校将采取最严格的防控措施,在报请上级教育主管部门同意后,采取全面封闭校园和全面停课等措施。

第三节 大学生主要健康问题

一、健康的概念

对于"什么是健康"这个问题,不同的认识阶段和水平得到的答案是不同的。人类历史上,对这个问题的认识是不断发展的。在很长一段时间里人们对健康的认识停留在没有疾病或者自我感觉良好上。世界卫生组织早在1948年的成立宣言中就明确指出:"健康是指身体上、心理上和社会适应的完美状态,而不仅是没有疾病和虚弱的现象。"这三项标准可表述为:一是身体上没有器质性和功能性异常,二是心理上没有主观不适的感觉,三是能够较好地适应社会。以后又有人从社会适应的角度加上一项道德上的完满,即四个健康。历经70余年,国际上对于健康的定义框架没有改变,但是随着医学的发展,对疾病、功能、行为和社会适应性的认识不同,其内涵是不断深入和扩展的。

大学生的年龄一般在18～24岁之间,正处于人生的关键时期。首先,在职业生涯发展的历程中,大学时期处在探索阶段。在这个时期里,多数人选定工作领域和方向,接受职业培训,对职业发展的可行性进行探索和试验。这个阶段的知识和认知的积累、经验的尝试,对将来的职业生涯有重要的影响,很多大学生在此方面投入大量的时间和精力。其次,在人的健康全生命周期中,大学阶段的健康水平处在发育完全到开始衰退的关键节点。这个时期身心的生长发育基本完成,相对于其他人群而言,其疾病的患病水平比较低,身体各系统生理机能,包括感知能力、心肺功能、体力和速度、免疫力和性功能等都达到最佳状态。但是,情绪的不稳定和尝试的冲动是这个时期的又一个特征,因此故意的和非故意的伤害是这个时期的人们最主要的死因;而不良的生活方式,如吸烟、饮酒、网络成瘾、不安全性行为等也在这个时期出现的概率更高,导致的不良健康结局除了死亡,还有慢性病的提前发生、心理障碍和性传播疾病等。

从投资的角度看,健康是一种重要的资本,健康资本是人力资本存在和效能发挥作用的前提。在健康资本存量较高的前提下,一个人获得的教育资本才能最大限度地发挥作用。大学生良好的体魄是积累知识和技能的基础,所以,作为明智的人生"投资者",增加和保存健康资本的存量是迈向成功的基础。当前世界卫生组织对于儿童青少年健康的策略从关心5岁以下儿童的健康水平向更大年龄组的人群转移，提出了"生命万天"的口号，其原因是从20世纪70年代中期开始，世界范围内1~4岁儿童死亡率低于20~24岁青年男性的死亡率；而90年代与20~24岁青年女性的死亡率相当。在国家高度重视大众健康的当下，社会环境的营造将会日益优化，卫生服务的水平将会进一步提高；而要切实提高健康水平，最重要的就是加强健康的自我管理。掌控自我健康，才能保住健康资本，健康管理是对自我健康信息和健康危险因素进行分析、预测和预防的全过程。

二、大学生主要健康问题

从不同的角度来看大学生的主要健康问题会有不同的观点。就该人群的死亡因素而言，伤害是第一死因。据世界卫生组织报道，15~29岁人群的前15位死因中有8种是伤害，包括交通伤害、溺水、烧伤、跌倒、自杀等。全世界每年死于伤害的青少年近百万，相当于每分钟就有2人死于伤害。我国大学生人群主要的致死性伤害包括交通意外、自杀、中毒、溺水，这几类伤害长期以来高居青年人群死因的前列。另一个重要的致死原因是各类恶性肿瘤，包括白血病、脑或中枢神经肿瘤、淋巴瘤、骨癌、胃癌等。

从常见疾病而言，大学生患病比率较高的是近视眼、龋齿、缺铁性贫血、哮喘、高血压、糖尿病，此外痤疮、痛经、颈椎病等也较常见。常见的传染病包括肺结核、流感、感染性腹泻、手足口病、梅毒等；艾滋病的发病率可能不是很高，但是近年有增高的趋势，并且对生命和生活质量的影响很大，也是大学生需要重点关注的疾病。

心理疾患是大学生人群中重要的健康问题。大学生正处在心理逐渐成熟的阶段，心理上的依赖性、独立性相互交织影响，情绪处在不够稳定的状态。面临人际关系、学业和就业、异性相处等方面的压力，这个阶段出现心理问题比较常见，有研究调查发现20%的大学生出现过或轻或重的心理问题。大学生常见的心理问题包括焦虑、抑郁、人格障碍、饮食障碍、网络成瘾、精神分裂等。

大学时期也是人生中不断探索的时期，此一时期开始了独立的生活，在生活的自律方面需要逐步建立起生活习惯。在健康素养不够高、缺乏自律的情况下，大学生容易形成一些不良的生活方式，比较突出的问题是不良的膳食行为、缺乏体育锻炼、睡眠不足、网络成瘾倾向、吸烟、饮酒和不安全性行为。由于大学生正处在身体功能最佳的状态，身体各个系统和器官的代偿功能好，在短时间内这些不良的生活方式不会导致不良的身体状况，但是随着损害的积累，超出身体的代偿和修复功能，就会带来功能性、甚至是器质性的改变，导致高血压、糖尿病、高血脂等病患的年轻化。

第四节　高等院校卫生管理和工作要求

高校卫生保健工作的目标是维护和促进师生的健康，其卫生保健服务集预防、医疗、康复、保健于一体，开展健康教育、疾病预防与控制,为学生和教职员工提供必要的医疗、康复服务,处置常见的伤病,开展体检、健康咨询和心理咨询等健康管理服务。高校的卫生保健工作与学生的健康成长密切相关,是学校学生管理不可分割的一部分。

根据中华人民共和国《学校卫生工作条例》(以下简称"《条例》"),普通高等学校可以设立卫生管理机构,管理学校的卫生工作。普通高等学校设校医院或者卫生科;校医院应设保健科(室),负责师生的卫生保健工作。关于学校卫生工作的主要内容,《条例》有如下要求:

(1)学校应当合理安排学生的学习时间,学生每日学习时间(包括自习),大学不超过10小时。

(2)学校教学建筑、环境噪声、室内微小气候、采光、照明等环境质量以及黑板、课桌椅的设置应当符合国家有关标准。

(3)学校应当按照有关规定为学生设置厕所和洗手设施。寄宿制学校应当为学生提供相应的洗漱、洗澡等卫生设施。

学校应当为学生提供充足的符合卫生标准的饮用水。

(4)学校应当建立卫生制度,加强对学生个人卫生、环境卫生以及教室、宿舍卫生的管理。

(5)学校应当认真贯彻执行食品卫生法律、法规,加强饮食卫生管理,办好学生膳食,加强营养指导。

(6)学校体育场地和器材应当符合卫生和安全要求。运动项目和运动强度应当适合学生的生理承受能力和体质健康状况,防止发生伤害事故。

(7)学校应当根据学生的年龄,组织学生参加适当的劳动,并对参加劳动的学生进行安全教育,提供必要的安全和卫生防护措施。

普通高等学校组织学生参加生产劳动,接触有毒有害物质的,按照国家有关规定,提供保健待遇。学校应当定期对他们进行体格检查,加强卫生防护。

(8)学校在安排体育课以及劳动等体力活动时,应当注意女学生的生理特点,给予必要的照顾。

(9)学校应当把健康教育纳入教学计划。普通高等学校应当开设健康教育选修课或者讲座。

学校应当开展学生健康咨询活动。

(10)学校应当建立学生健康管理制度。根据条件定期对学生进行体格检查,建立学生体质健康卡片,纳入学生档案。

学校对体格检查中发现学生有器质性疾病的,应当配合学生家长做好转诊治疗。

学校对残疾、体弱学生,应当加强医学照顾和心理卫生工作。

(11)学校应当配备可以处理一般伤病事故的医疗用品。

(12)学校应当认真贯彻执行传染病防治法律、法规,做好急、慢性传染病的预防和控制管理工作,同时做好地方病的预防和控制管理工作。

第五节　大学生健康教育概述

学校健康教育(school health education)是公共卫生领域的一项关键预防措施,是依靠社会要求,在学校里进行的一种有目的、有计划、有组织的以全面促进健康为核心的系统活动。

学校健康教育的目的是教给处理、应对各种预期的健康挑战所必需的认知、行为以及技能;它是连接健康信息和健康实践的桥梁,旨在劝导、鼓励学生接受、利用健康信息,采取和保持健康生活方式,明智地选择现有的卫生服务,制定个人或集体决策,改善自身的健康状况和生活环境,最终以适应社会。

学校开展健康教育的重要意义在于:学校有数量巨大的受教育群体,健康教育不仅使他们受益,更可以对国家、民族的健康发展产生深远的影响;学生处于行为、人生观、价值观形成的关键期,可塑性强,具有通过教育改变自身行为的潜能,并可由他们扩展到其身边的人们以及家庭成员等;因为学校有完整和系统的教育体系、教育手段及教育资源,容易取得理想的教育效果,而且便于和其他学科教育结合,有利于健康教育的实施。

一、开展大学生健康教育的指导思想

《"健康中国2030"规划纲要》明确提出"加大学校健康教育力度。将健康教育纳入国民教育体系,把健康教育作为所有教育阶段素质教育的重要内容"。健康是青少年全面发展的基础,加强高校健康教育、提升学生健康素养,是贯彻落实党的教育方针、全面实施素质教育、促进学生全面发展、加快推进教育现代化的必然要求,是贯彻落实《"健康中国2030"规划纲要》、建设健康中国、全面提升中华民族健康素质的重要内容。近年来,各地各高校在推进健康教育、提升学生健康素养方面做了大量工作,取得了积极进展,但健康教育的覆盖面不广、针对性不强、措施落实不到位等问题仍然突出。部分学生健康意识淡漠，维护和促进自身健康能力不足，锻炼不够、睡眠不足、作息不规律、膳食不合理等不健康生活方式正在成为影响学生健康的危险因素。因此进一步加强高校健康教育、提升学生健康素养、促进学生身心健康，依然任重道远。

高校健康教育要全面贯彻落实党的十八大以及十八届三中、四中、五中全会和习近平总书记系列重要讲话精神，全面贯彻党的教育方针，按照《国家中长期教育改革和发展规划纲要（2010～2020年）》《"健康中国2030"规划纲要》的部署和要求，不断更新观念、创新形式、落实载体、完善制度，全方位、多途径、多形式开展高校健康教育和健康促进，充分发挥健康教育在培育和践行社会主义核心价值观、推进素质教育中的综合作用，帮助学生树立健康意识，掌握维护健康的知识和技能，形成文明、健康的生活方式，提高自身健康管理能力，增强维护全民健康的社会责任感，促进学生身心健康和全面发展。

二、大学生健康教育的目标和内容

（一）大学生健康教育

大学生健康教育的目标包括：增进卫生知识，增强维护自身健康的责任感和自觉性，提高自我保健、预防疾病的能力；自觉选择健康的生活方式，减少、控制危险因素，促进身心健康，改善生活质量。

国家对大学生健康教育的内容也有明确的要求,可归纳为以下10个方面:

(1)对健康的认识;

(2)大学生身心发展和疾病特征;

(3)心理卫生;

(4)学习卫生和起居卫生;

(5)饮食和营养;

(6)运动卫生;

(7)行为、环境与健康;

(8)性心理与卫生;

(9)传染病和常见病防治;

(10)急症自救、互救及用药知识等。

(二)高校健康教育

高校健康教育是中小学健康教育的延续和深化,是全民健康教育的重要组成部分。高校健康教育主要包括健康生活方式、疾病预防、心理健康、性与生殖健康、安全应急与避险等5个方面,其目标和核心内容分别如下:

1. 健康生活方式

目标:树立现代健康意识,掌握健康管理和健康决策的基本方法,养成文明健康的生活方式,提高自觉规避、有效应对健康风险的能力。

核心内容:现代健康的概念;高校学生面临的主要健康问题和影响因素;健康决策和健康管理的基本原则;饮食行为与

健康,中国居民膳食指南及其应用,日常生活常见的食品安全隐患与防范(食品安全五要素);睡眠与健康,睡眠不足与睡眠障碍的危害,劳逸结合、规律作息,预防网络成瘾;运动与健康,科学锻炼原则及方法,运动负荷的自我监测;烟草危害及戒烟策略,毒品(新型毒品)危害及禁毒,物质滥用(酗酒、滥用镇静催眠药和镇痛剂等成瘾性药物等)的危害及防范;环境卫生与健康。

2. 疾病预防

目标:增强防病意识,掌握常见疾病的预防原则和常规措施,提高防控传染病和慢性非传染性疾病的能力。

核心内容:常见传染病(如流感、结核病、病毒性肝炎等)的预防;慢性非传染性疾病(如高血压、糖尿病、肿瘤等)的基本知识、预防原则和常规措施;抗生素滥用对健康的危害,在医生指导下使用抗生素;定期进行健康体检的意义和项目选择;常用的健康指标、正常范围、测定身体健康状况的常用方法(如测量腋温和脉搏、血压等);正确选择必要、有效的保健与保险服务。

3. 心理健康

目标:树立自觉维护心理健康的意识,掌握正确应对学业、人际关系等方面的不良情绪和心理压力必需的相关技能,提高心理适应能力。

核心内容:心理健康的概念;心理健康与身体健康的关系;学生心理发展特点和相关社会因素;抑郁症和焦虑症的表现,自我心理调适与技能,促进积极情绪与缓解不良情绪的基本方法；维护良好人际关系与有效交流的方法；心理咨询与服务利用，常见心理问题或危机的辨识与求助；珍爱生命。

4. 性与生殖健康

目标：树立自我保健意识，掌握维护性与生殖健康的知识和技能，提高维护性与生殖健康的能力。

核心内容：性与生殖健康的基本知识；友谊、爱情、婚恋、家庭与伦理道德；优生优育与适宜有效的避孕方法；非意愿怀孕和应对措施；常见生殖健康问题与自我保健方法；无保护性行为对生殖健康的影响；常见性传播疾病和预防；艾滋病的传播、流行与控制，易感染艾滋病的高危行为和预防措施，艾滋病咨询检测和服务，不歧视艾滋病感染者和病人；预防性侵害的方法和技能。

5. 安全应急与避险

目标：树立安全避险意识，掌握常见突发事件和伤害的应急处置方法，提高自救与互救能力。

核心内容：突发事件与个人安全防范，意外伤害（触电、溺水、中暑、中毒、运动创伤等）的预防、自救与互救的基本原则和方法；无偿献血基本知识，无偿献血是公民的义务；休克、晕厥、骨折等急症的现场救护原则，心肺复苏、创伤救护（止血、包扎、固定、搬运）等院前急救技能；动物（犬、猫、蛇等）抓伤、咬伤后的应急处置；防范网络安全风险，甄别不科学、不健康信息的技能与方法；实验、实习等场所安全要求与防护技能，注意个人防护，避免职业伤害；旅行卫生保健的基本要求，规避旅行中的健康与安全风险的基本措施和策略。

三、开展大学生健康教育的基本原则

高等教育阶段是高校学生身心成长成熟、健康素养形成的重要时期,高校学生是传播健康理念、引领健康生活方式的重要人群。高校健康教育重在增强学生的健康意识、提高学生的健康素养和健全学生的人格品质。

开展高校健康教育应遵循以下基本原则:

(1)问题导向与健康需求相衔接。围绕学生的健康需求,针对学生的主要健康问题及其影响因素,合理科学选择健康教育的内容和形式,确保健康教育取得实效。

(2)知识传授与行为养成相促进。健康行为是维护和促进健康的关键。健康知识和技能是促进健康行为形成的前提。要以健康行为养成为出发点,传播健康知识和技能,提升学生健康素养。

(3)课堂教学与课外实践相协调。课堂教学是传授健康知识和技能的主要渠道,课外实践是践行健康知识和技能的主要场域。要结合课堂教育教学内容,合理安排健康实践活动,促进学生健康知识的运用与行为的形成。

(4)维护个体健康与增强社会责任相统一。个体健康是全民健康的基础,促进全民健康需要每个人的共同努力。既要提升学生的健康素养,也要增强学生在维护和促进全民健康方面的社会责任感和示范引领作用。

(5)总体要求与地方实际相结合。各地学生面临的健康问题及影响健康的危险因素不尽相同,各地应在国家有关健康教育的总体规划和原则指导下,结合本地实际,对健康教育的内容

进行合理安排,并适当调整补充。

四、实施大学生健康教育的途径

(一) 多渠道开展健康教育

发挥课堂教学主渠道作用。高校应按照《"健康中国2030"规划纲要》确定的原则、内容,因校制宜地制订健康教育教学计划,开设健康教育公共选修课,安排必要的课时,确定相应的学分。针对高校学生关注的健康问题,精选教学内容,吸引学生选修健康教育课程。

拓展健康教育载体。充分利用新生入学教育、军训等时机,开展艾滋病与结核病等传染病预防、安全应急与急救等专题健康教育活动。充分利用广播、宣传栏、学生社团活动、校园网络、微博、微信等传统媒体和新兴媒体,经常性开展健康教育宣传活动。结合各种卫生主题宣传日,集中开展各类卫生主题宣传教育活动。结合阶段性、季节性疾病预防,以防病为切入点,传播健康生活方式及疾病预防知识和技能。

(二) 多形式开展健康实践

融入学生管理工作。注重培养学生健康素养和生活作息等行为习惯,及时了解学生心理状况和心理需求,有针对性开展心理健康教育、心理辅导与咨询。

发挥学生社团作用。把学生参与健康教育活动纳入学生志愿服务管理,鼓励学生积极参与健康教育实践活动,传播健康理念和知识。

创设良好的校园卫生环境。配备必要的公共卫生设施,设置必要的卫生警示和标识,潜移默化地培养学生的公共卫生意识和卫生行为习惯。

(三) 多途径加强健康教育教学能力建设

创新教学方法和模式。充分发挥在线课程作用,开发健康教育网络课程、慕课、微课等,为全体学生提供便捷的健康教育学习平台,增强学生运用网络资源学习的能力,扩大健康教育覆盖面。

开展健康教育教学研究。充分发挥高校学科优势和人才优势,开展健康教育教学和科研活动,培育健康教育特色,提高健康教育教学质量。

丰富教育教学资源。结合本校实际,开发学生健康教育科普读物、教学图文资料、多媒体课件等,丰富健康教育教学资源,保障健康教育教学活动顺利开展。

发挥专业组织的协同推进作用。积极争取卫生部门和健康教育专业机构的技术支持和专业指导。聘请专业人员培训健康教育师资、开展专题讲座等健康教育活动,增强健康教育的针对性和实效性。

五、开展大学生健康教育的保障措施

(一) 完善推进机制

学校要切实把健康融入高校工作的各个环节,要把维护和促进学生健康放在重要的地位,全力提升学生健康素养和身心健康水平。要加强组织领导和统筹协调，把健康教育作为高校学生素质教育的重要内容，纳入学校教育教学体系。整合健康教育资源，制订符合学校实际的健康教育实施方案。明确一名校领导具体负责健康教育工作，建立专、兼职相结合的健康教育师资队伍，完善教务、学工、校医院、团委等多部门各负其责、协同推进的健康教育工作机制。设有医学院的高校，要充分发挥其专业优势，加强对学校健康教育的技术支撑和专业指导。

（二）加大经费投入

各地各高校要切实加大健康教育经费投入，强化健康教育的条件保障。配备必要的公共卫生设施，充分发挥健康环境育人功能，促进学生健康行为和习惯的养成。

（三）加强评估督导

高校把健康教育作为学校教育教学评估的重要内容。各地教育行政部门要把健康教育纳入高等教育教学评估体系，督促高校落实健康教育的相关规定和要求，定期对高校健康教育工作进行督查，通报督查结果。

（四）营造良好环境

各地各高校要充分利用报刊、广播、电视、网络等手段和途径，加强高校健康教育工作宣传力度，总结交流典型经验和有效做法，传播科学的健康观，营造全社会关心、重视和支持高校健康教育的良好氛围。

第二章
学校新型冠状病毒肺炎防控策略与措施

第一节 学校防控策略和措施

一、关于新型冠状病毒的基本知识

1. 病原学

新型冠状病毒肺炎（coronavirus disease 2019, COVID-19），简称新冠肺炎，是由新型冠状病毒引起的新发传染病。2020年1月20日，经国务院批准，新型冠状病毒肺炎被纳入《中华人民共和国传染病防治法》规定的乙类传染病，采取甲类传染病的防控措施进行管理。

新型冠状病毒属于β属的冠状病毒，基因特征与严重急性呼吸综合征相关冠状病毒（severe acute respiratory syndrome ralated coronavirus, SARSr-CoV）和中东呼吸综合征相关冠状病毒（Middle East respiratory syndrome ralated coronavirus, MERSr-CoV）有明显区别。该病毒对紫外线和热敏感，56℃ 30分钟、75%乙醇、含氯或含溴消毒剂、过氧化氢、过氧乙酸和二氧化氯等脂溶剂均可有效灭活病毒。

2. 流行病学

传染源：目前所见传染源主要是新型冠状病毒感染的患者，无症状感染者也可能成为传染源。

传播途径：主要传播途径为经呼吸道飞沫传播或接触传播，在相对封闭的环境中长时间暴露于高浓度气溶胶情况下，存在经气溶胶传播的可能，其他传播途径尚待明确。

人群对该病毒普遍易感。

3. 临床表现

一般认为，人从感染到发病的潜伏期为1~14天，多为3~7天。

新冠肺炎患者以发热、乏力、干咳为主要表现，少数患者伴有鼻塞、流涕、咽痛、肌痛和腹泻等症状。重型患者多在一周后出现呼吸困难和/或低氧血症，严重者快速进展为急性呼吸窘迫综合征、脓毒症休克、难以纠正的代谢性酸中毒、出凝血功能障碍及多器官功能衰竭。值得注意的是重型、危重型患者病程中可为中低热，甚至无明显发热。轻型患者仅表现为低热、轻微乏力等，无肺炎表现。从目前收治的病例情况看，多数患者预后良好，儿童病例症状相对较轻。

高等院校在新冠肺炎防控工作方面，须制订切实可行的防控目标、防控原则、组织管理、信息管理以及开学前、开学和开学后的防控措施和方法。

二、学校的工作目标

高度重视、全面动员、有序组织学校的新型冠状病毒肺炎防控工作,把控重点工作节点,关注重点人群,管理重点场所,及时掌握学校疫情防控动态,落实校园防控措施,普及疫情防控知识,提高广大师生员工的自我防护意识,防止疫情在校园发生扩散蔓延,确保学校各项管理工作有序开展,维护广大师生员工的健康。

三、学校防控策略和措施

(一)成立领导工作组,明确各方责任

成立学校疫情防控工作领导小组,学校主要负责人为防控新型冠状病毒肺炎疫情工作的第一责任人;如有多校区办学的情况,各校区须分别指定防控工作的责任人。各校成立学校新冠肺炎疫情防控工作组,由学校综合协调部门牵头,相关职能部门共同合作,明确职责分工,责任到岗,任务到人。建立学校、学院(系、部)、班级三级防控工作联系网络,及时收集和报送相关信息,下达工作要求并落实措施。

(二)制订并落实本校的工作方案和制度

学校应制订新冠肺炎防控工作方案及突发公共卫生事件应急预案,方案和预案对相关责任人、工作组织架构、信息上报、疫情防控管理措施、疫情或突发公共卫生事件报告与处置等方面提出明确的要求,制订具体的工作流程。对涉及的相关人员全覆盖培训,开展现场模拟演练或者桌面推演,全面掌握具体要求,明确各自职责。加强假期值班制度的落实。

完善和更新学校传染病疫情防控的各项制度,包括传染病报告制度、突发公共卫生事件报告制度、学生健康管理制度、学校消毒制度、隔离制度、复课证明查验制度、健康教育制度、校园清洁制度、宿舍管理制度、食堂卫生管理制度等。

(三)建立学校联防联控工作机制,科学决策并规范落实防控措施

高校与辖区所在的政府部门、教育主管部门、卫生健康部门、疾控机构、卫生监督机构、医疗机构(定点医院)、市场监管部门、社区卫生服务中心建立联系,建立联防联控工作机制,确定联系人及其联系方式,及时沟通信息并取得专业的技术支持。对于学校在新冠肺炎疫情防控中出现的各类情况,及时启动机制,根据各方的专业意见进行科学研判,制订解决方案并规范落实措施。

(四)畅通信息沟通渠道,全面掌握工作开展的情况

学校应将全面、准确、及时掌握人员和工作落实情况的信息作为开展防控工作的基础,详列本校各类人员在开学前、开学时和开学后需要收集、监测和报告的信息清单,针对不同的信息源建立对应的报送和反馈流程。及时、全面排摸本校学生和教职员工的基本信息、到重点地区的旅居史、与相关人员的接触史、近两周的健康状况和相关症状。在信息报送的各个环节,发现有异常情况应马上向上级报告,以便及时做出研判并采取措施。

（五）加强对师生员工的健康指导

向本校师生员工宣传本校关于疫情防控的各项制度和措施，要求全校师生员工遵照执行，做到不外出、不聚会、不举办和参加聚集性活动，做好个人防护和手消毒。对经批准返校的人员，要事先告知学校的要求，根据相关规定进行健康申报，做好健康观察。确保全体人员遵守开学时和开学后关于入校管理、健康监测、场所管理、消毒隔离、教学安排等各项制度。

（六）把握开学前、开学中和开学后三个重要时期的特点，制订相应的防控措施

1. 开学前的措施

开学前有三项重点工作：一是制订返校方案；二是对留在校内的人员跟踪管理；三是做好开学前的各项准备工作。

主要的措施包括以下几个方面：

（1）返校方案是学校疫情防控工作的重要组成部分，根据教育及卫生行政部门最新的文件精神和要求，明确工作责任和任务，对人员信息的排摸、返校条件的细化、返校流程的严密、场所和物资的准备等任务须进行分解和落实。利用校园网将返校各项要求告知全校师生员工，关键环节和岗位须进行专门的培训和演练。

（2）排摸在校人员信息，掌握健康状况。掌握在校人员基本信息、联系方式、居住情况、重点地区的旅居史、与相关人员的接触史、近两周的健康状况及相关症状，对人员分类管理，确定

管理的流程，明确可返校的条件。

（3）对学校进行封闭式管理。无关人员与车辆不得无故进入校园，外来人员、车辆进入校园须经过批准。本校人员出入学校须出示有效证件，经过体温检测合格后方能入校。学生公寓在疫情防控期间一律谢绝访客，严禁外来人员留宿，学生和工作人员进出公寓必须实名验证并检测体温。加强对在校人员健康观察，在校人员应每日测量体温，体温超过37.3℃的，要安排隔离观察并引导及时就医。在校人员原则上不得离开校园，确需离开的须事先向学校报备，外出期间做好个人防护和手卫生措施。校内的公共场所和设施设备除保证本校人员必要需求之外，一律关闭。学校要加强食堂卫生安全管理，并采取错时、避峰、打包自提等措施，避免集中就餐。学校各部门须及时了解和关心在校师生的生活，确保在校人员基本生活需求且安全得到保障。

（4）对返校人员的管理。假期返校人员须提前申请，得到批准后才能返校。要严格按照当地疫情防控的最新要求开展卫生检疫、健康申报等工作。身在重点地区的人员一般不提前返校，处在隔离期及当前健康状况不适宜返校的人员暂缓返校。在外地的人员，返校前已自行居家隔离14天且身体状况正常的，提前填写《健康状况信息登记表》（附件1）和《隔离观察结束承诺书》（附件2），经审核确认后方可返校，旅途中做好个人防护和手卫生。于到校日测量体温，由工作人员当面核实身份信息及上述两个表格信息后，方可进校工作。返校前自行隔离不满14天的，应于抵沪后居家隔离或集中隔离观察14天，身体状况检测正常再返校返岗。

关于人员隔离的要求如下:

1)新冠肺炎确诊病例、疑似病例和无症状感染者的密切接触者,应按照相关规定,主动配合卫生健康部门做好集中隔离医学观察,并协助开展流行病学调查处置。

2)对重点地区来沪返沪人员,严格实行为期14天的隔离观察,一律不得外出;出现发热症状的,应按规定就诊排查。

3)对非重点地区来沪返沪人员,严格实行为期14天的自我医学观察;出现发热症状的,应按规定就诊排查。

4)对于以上3项涉及相关人员的密切接触者,严格实行为期14天的自我医学观察;出现发热症状的,应按规定就诊排查。

目前有发热、干咳、气促、乏力、腹泻、结膜充血等症状的人员应及时就医,若排除新冠病毒感染,须痊愈后再返校;不能排除的,须实施医学观察满14天。

(5)开展对在校人员和返校人员的健康宣教。学校应采取多种形式对师生员工开展新型冠状病毒感染肺炎防控政策和防控知识的宣传,做到宣传教育工作全覆盖,人人掌握防控技能。

(6)学校重点场所清洁与消毒,校园清洁与隔离场所的准备,准备充足的防疫用品。

按照《学校消毒技术要点》(附件4)的要求和方法,全面做好重点场所的消毒工作。学校的重点场所包括校医院(校门诊、医务室)、门卫、食堂、假期集中住宿区域、厕所、垃圾厢房、电梯和隔离区域等场所。校内已经在使用的场所按照规定每日消毒,未启用的场所在开学前全面消毒。校园应每日定时清扫整治,做好"灭四害"工作。

学校要根据开学实际和疫情防控需要,储备相应的开学保障物资与必需的消毒和防护等疫情防控物资(防控用品清单请参见附件3)。根据卫生部门的要求准备足够的隔离场所,包括临时隔离场所和可住宿的隔离场所,临时隔离场所用于在每日健康监测中发现的可疑症状人员就医前的暂时等候,一般设在学校大门口附近;可住宿的隔离场所,用于需要隔离以作健康观察的人员居住。

2. 开学时的措施

开学时的重点在于做好全校各类人员的分类管理和紧急情况的应急处置。主要措施包括:

(1)开学时间的确定

根据最新的疫情防控方案,区域疫情风险分为三类:① 低风险地区,实施"外防输入"策略;② 中风险地区,实施"外防输入、内防扩散"策略;③ 高风险地区,实施"内防扩散、外防输出、严格管控"策略。疫情风险的判定应根据国内外疫情的发展情况即时更新。各学校应根据当地疫情、学校各方的意见以及学校的准备情况,在科学研判的基础上确定开学时间;开学时间一旦确定,应提前通知所有师生员工和各类社会服务人员。

(2)返校前学校疫情防控要求的告知和健康申报

开学前,学校应通过《疫情防控工作告知书》等形式,将学校疫情防控有关要求通知到每一个学生、教职工和社会服务人员。各类人员返校前须申报健康情况,如实填写《健康状况信息登记表》。学校根据疫情防控的要求,将人员分为暂缓返校和可以返校两类。暂缓返校的人员包括居住在受交通管控和人员流动管控地区的人员、返校前14天内处在医学观察期的人员以及出现呼吸道症状、发热、畏寒、乏力、腹泻、结膜充血等身体不适症状者,应待症状消失、身体痊愈后方可返校。暂缓返校和可以返校人员的条件,请参考本节开学前措施的有关内容。

(3)开学日的要求

报到当日,学校各类人员凭有效证件或者事前备案的名单入校,须接受体温检测,无发热等症状者方可入校。对于外地返校的学生,学校应尽可能统一安排车辆接机、接站,上车前须佩戴口罩。乘公共交通来校学生务必按要求佩戴口罩,做好防护并及时做好手卫生。自驾车来校学生,要求轻装简行,校门口测量体温。报到后,住宿学生一般不得离开校园,走读学生应在学校报备。报到学生如出现发热等可疑症状,应按照疫情防控处置流程送至就近指定医疗机构的发热门诊就诊。

(4)应急处置工作

1)体温检测出现异常的处置要求

学校应在校门口设置临时等候区域,等候区域应保持适当安全距离,避免人员近距离接触,配备口罩、免洗手消毒液、消毒水等必要的防疫用品。教工返校或学生报到时出现发热等可疑情况,引导进入等候区等候送医。有条件的学校应指定专用车辆按照疫情防控处置流程,将有关人员送至就近指定医疗机构的发热门诊就诊。指定专用车辆驾驶员应做好防护,车辆使用后及时消毒。疫情防控期间,指定车辆不做其他用途。对疑似人员的物品在现场喷洒消毒处理后,送专门区域代保管,以防再次污染。医疗机构检查结果未排除新型冠状病毒感染肺炎且没有确诊其他疾病的,学校安排专门隔离观察场所医学观察14天;医疗机构检查结果排除新型冠状病毒感染肺炎的,应自我监测健康状况,疾病治愈后才能返校;医疗机构检查结果为新型冠状病毒感染肺炎的,待康复后方可返校。

学校出现了新型冠状病毒感染肺炎确诊病例,应按照本市最新的政策、规范和防控方案的要求,在专业机构指导下进行处置,同时应立即报告当地教育主管部门和疾病预防控制中心,并在卫生部门指导下做好密切接触者的隔离、消毒、健康教育和心理疏导等工作,配合开展流行病学调查和采样检测等工作。如果出现了疑似新冠病毒感染肺炎的聚集性疫情,应报告教育主管部门和学校所在区的疾病预防控制中心,在区疾控中心、区卫生监督所和社区卫生服务中心等机构的指导下,经专家研判,落实应急措施,控制疫情的发展。聚集性疫情是指在14天内,存在有流行病学联系的2例及以上的确诊病例或无症状感染者;在校内有流行病学联系通常指在同一宿舍、同一教室、同一栋楼等,应结合学校具体的情况给予研判。

若出现其他突发情况,可将有关人员带离进一步处理,以防止人员聚集导致疫情传播,并及时通报相关部门对口处置。

2)特殊区域的设置和管理

集中隔离观察场所:用于需要集中医学观察人员隔离居住。学校应利用校医院、校内宾馆、闲置场所等资源,按照防疫要求提前准备隔离观察场所。隔离观察场所须远离学生公寓和居民社区,并储备足量的口罩、体温计、免洗手消毒液、消毒水等防疫必备品,全面做好吃、住、用等保障工作。隔离期间发现有人员出现发热等症状,应及时按照要求做好防护和就医。

临时隔离等候区域:主要用于在每天体温测量中发现发热等异常情况人员的临时隔离。学校要在开学报到人员相对集中或者教学楼等公共场所、大门口等处指定临时等候区域,用于发热或疑似人员防控处置前临时隔离等候,以防止疫情传播。临时等候区域应有专人管理,并配备必要的防护物资,及时消毒;除疫情异常人员和工作人员外,任何人不得进入。

3. 开学后的措施

(1) 严控聚集性活动

各学校不得在规定的开学时间前,举行任何形式的集体活动。疫情防控期间,严控各类会议规模、数量和时长,一律暂缓跨校、跨地区人员聚集性活动,一律暂缓到重点疫情防控地区参加活动。

(2) 重点区域工作指南

各重点区域应根据疫情防控的需要调整清洁和消毒的频率,按照《学校消毒技术要点》(详见附件4)开展预防性消毒工作,同时做好疫情防控期间的管理工作。

1) 校医院(校门诊、卫生室)卫生管理

校医院(校门诊、卫生室)在疫情防控期间,不能接诊发热或有疑似症状者,但需做好就诊患者的隔离、转诊和记录工作。加强校医院消毒和医护人员个人防护,严格执行隔离消毒制度,防止发生医源性感染,个人防护和隔离消毒参照专业防控工作要求。学校医务部门要与属地医院发热门诊建立沟通联系机制,实时互通信息,确保疫情防控期间校内出现异常症状人员检查治疗渠道畅通。

2)门卫管理工作指引

疫情防控期间,建立严格的校门出入管理制度。学校根据需要可适当关闭部分校门或调整校门开放时段。校门口增加安保或工作人员,也可以增配志愿者,执勤与检测人员须佩戴口罩,门卫室应配备必需的消毒和体温检测设备。有条件的学校,校门口应设置符合防疫安全的临时隔离等候区域。所有进校人员须逐一核查、登记、测量体温。

校内人员出入管理:本校师生员工凭有效证件进校,并自觉接受体温检测。学生报到后,一般不离开校园,确需离校外出,应向辅导员报备,并做好外出期间个人防护和手卫生工作。鼓励教职工错时、避峰到校。驻校服务单位应将工作人员详细信息提前报备,并自觉遵守学校出入管理制度。进校师生员工如体温检测超过37.3℃,须引导至校门口临时隔离等候区域,用水银温度计进行第二次测量;如腋下体温检测仍超过37.3℃,按照疫情防控处置流程送至就近指定医疗机构的发热门诊就诊。

来访人员出入管理:疫情期间,减少现场工作联络;确需进校工作的,由学校对口部门提前报备。来访人员进校须自行佩戴口罩等防护措施,自觉接受信息核对和体温检测。无对口部门报备信息、未佩戴口罩或者拒不接受体温检测的来访人员,可拒绝其入校。来访人员如体温检测超过37.3℃,应拒绝入校,并劝导其及时就医。

疫情防控期间，学校可根据实际对外卖、快递人员进入校园实施管控或制订针对性防控管理措施，做到物件的无接触传递。

3）食堂等餐饮场所工作指引

疫情防控期间，应通过错峰、错时避免集中就餐。鼓励自备餐具打包分散进食。食堂应主要以套餐形式供餐，自助餐厅暂停开放。套餐要注意营养结构、清淡适口。

确保食品安全，要规范操作流程，严格执行食品烹饪的温度和时间标准；需要烧熟煮透的食品，加工制作的中心温度应达到70℃以上。疫情防控期间，建议暂停冷荤凉菜、蛋糕裱花和生食海产品等品种的供应。

食堂应保持开窗通风，每日至少2次，每次不少于30分钟。公共区域的空调在疫情期间暂停使用，再次启用前须清洁并规范消毒。食堂餐桌椅每日上下午使用有效浓度为100 mg/L的微酸性次氯酸水、或1%过氧化氢湿巾或消毒液、或有效氯浓度为500 mg/L的含氯（溴）消毒液进行擦拭；作用30分钟后再用清水擦拭干净，每日消毒2~3次。食堂后厨按食品安全标准增加消毒、清洁频次。食堂员工加强实名晨检，全程佩戴一次性医用口罩、手套开展工作。工作服应保持清洁，增加日常清洗频次。

疫情期间，不鼓励来访人员校内就餐。食堂维持排队和就餐秩序，避免近距离接触，排队间距应在1米以上。

4）学生公寓（教师公寓）管理工作指引

疫情防控期间，学生公寓（教师公寓）封闭管理，实行严格的出入登记和体温检测制度。

学校应加强宿舍、卫生间、公共浴室等公共区域消毒,每日使用有效浓度为100 mg/L的微酸性次氯酸水、或1%过氧化氢湿巾或消毒液、或有效氯浓度为500 mg/L的含氯(溴)消毒液进行擦拭,作用30分钟后再用清水擦拭干净。

按照住宿规模储备一定数量的口罩、体温计、洗手液、消毒剂等防疫物资。向学生提供个人消毒及防护宣传品,督促学生每日进行自我卫生消毒,保持个人卫生。寝室应建立健康观察与报病制度,设立寝室长负责室友健康观察与报病工作,做好通风和卫生整洁。

5)校内公共场所(教室、图书馆、体育馆等)工作指引

疫情防控期间,学校可关闭非必需的公共场所及有关的配套设施。确需开放的学校行政办公场所、教室、图书馆、体育馆、公共实训室等共用空间,应在公共区域放置免洗手消毒液;空调系统暂停使用,全天保持通风状态,疫情解除后应规范清洗和消毒后才能启用。同时,通过预约、限流等措施,有序控制场地内人数。学校行政办公应尽量使用信息化手段,有纸质文件填写或传递区域,实施无接触传递,同时须配备免洗手消毒液。

做好公共场所消毒工作。每日定时对门厅、楼道、会议室、电梯、楼梯、卫生间等公共部位进行消毒,使用有效浓度为100 mg/L的微酸性次氯酸水、或1%过氧化氢湿巾或消毒液、或有效氯浓度为500 mg/L的含氯(溴)消毒溶液进行擦拭,作用30分钟后再用清水擦拭干净。校内公用教学设备、ATM机、公用电话机等高频接触类设备,安排专人每日用75%酒精或1%

过氧化氢消毒湿巾擦拭消毒两次,如果使用频繁可增至4次。

校园饲养动物进行封闭管理。每天一次对动物饲养区域进行消毒。

6)车辆管理工作指引

校车(班车)必须配备体温测量仪、口罩、免洗手消毒液、消毒剂、呕吐物应急处置包和医疗废物专用袋等防控物资。教职员工和学生乘车时须佩戴口罩。公务车、校车(班车)驾驶员工作期间佩戴口罩、手套等防护用品。

校内校车(班车)候车点应有醒目警示标志,提醒候车人员有序排队并保持1米以上距离。有条件的学校,可适当增加校车(班车)的频次,降低车内人员密度,减少交叉感染风险。候车点可放置免洗手消毒液,并由专人定时对候车区域进行消毒。公务车、校车(班车)每次使用完毕后,车内及门把手、座位扶手用1%过氧化氢消毒湿巾擦拭,或者500 mg/L的有效氯喷洒消毒,门窗关闭后保持30分钟,然后再通风。

疫情防控期间,学校要提醒进入校园的本校车主按规定经常进行车辆消毒。原则上禁止外来车辆进入校园,确需进入校园应提前报备,司乘人员均须接受体温检测。

7)保洁卫生工作指引

保洁人员每日工作前须接受体温检测,体温不超过37.3℃方可开始工作。工作时须佩戴口罩和一次性橡胶手套,工作结束后洗手、消毒并按要求对场所等消毒工作做好记录。

8)厕所卫生管理

学校厕所须有明确的管理制度,设专人管理。落实厕所保洁措施,保持室内空气流通,地面及时清洗,做好包括水龙头、门把手等重点部位在内的消毒工作,可增加冲洗和消毒的频次。厕所的洗手设施应完备,有条件的应使用感应式水龙头。

9)相关垃圾处置工作指引

校内公共区域可增设废弃口罩、手套等专用垃圾桶,并有明显的指示标志,普通师生员工(无发热、咳嗽等症状)使用过的口罩投放到专用桶内,隔离观察区的垃圾消毒后密封丢弃到专用桶,每天由专人负责消毒、收储。医院(门诊、卫生室)和独立的隔离场所产生的垃圾应收集到专用垃圾袋内,每袋转载量不超过袋容量的3/4,扎紧袋口后及时清运。未清运的垃圾要置于有盖的桶内,每天用有效氯为1 000～2 000 mg/L的含氯(溴)消毒液喷洒垃圾桶内外表面等;按照《医疗废物垃圾管理办法》和《生活垃圾分类制度实施方案》,做好医疗废物垃圾的处理。

(3)校内集中隔离观察人员管理

对进行集中隔离医学观察的师生,实施医学观察时,应当发放《学校集中隔离医学观察对象告知书》并解释医学观察的缘由、期限、依据、注意事项和疾病相关知识,以及负责医学观察的联系人和联系方式,被隔离人签署《学校集中隔离医学观察对象告知书》。

医学观察期间,由指定的管理人员每天早、晚各进行一次体温测量,并询问其健康状况,填写医学观察记录表,同时给予必要的帮助和指导。观察期间出现呼吸道症状或发热、畏寒、乏力、腹泻、结膜充血等症状者,则立即向当地卫生健康部门和教育主管部门报告,并按规定送定点医疗机构诊治,采集标本开展实验室检测与排查工作。此外还需做好集中隔离观察师生员工的生活保障和心理辅导。

(七)开展有效风险沟通,做好心理应急干预工作

1. 开展风险沟通

学校于开学前、开学中和开学后在掌握本地疫情防控风险和要求、全校疫情准备情况以及人员管理情况的基础上,及时通报学校疫情防控的有关信息。在出现应急突发事件的过程中和事后,应及时将事件发生情况、处置过程与结果以及相关的健康知识向校内人员通报并沟通。

2. 做好心理应急干预工作

(1)应急心理干预方案

学校应高度重视疫情防控过程中的心理干预工作,并将其纳入学校总体疫情防控工作的整体部署。各高校应制订应急心理干预方案,会同学校其他相关部门加强信息共享,动态掌握师生员工的受疫情影响状况及心理状态,根据人群特征和学校管理单元分类应对。充分认识抗疫期间应急心理干预的特殊性和针对性,做好各类情况的应对方案,增加或招募专、兼职心理辅导人员,进行必要的培训督导,强调干预规范性和专业性,遵守专业伦理。

(2)应急心理健康手册及宣传

各高校应编写有关疫情期间涉及开学准备和开学之后学生心理自我调适的宣传资料,尽量做到通俗易懂、科学有效、切实可行,材料发放到每一位学生和教职员工。及时排摸返校学生

的心理状况，开通并充分利用各种宣传或求助（电话、微信、邮箱、QQ等）通道，针对共性的心理困扰和个别的心理问题，开展面向学生的疫期心理宣教与支持。充分利用社会资源，筛选出可靠的、专业的社会心理援助信息提供给学生。

（3）重点人群心理干预和管理

与高校开学后的疫情管理预案相配套，心理干预要分类安排和管理，针对住院、隔离观察，前两者的同宿舍、同班同学，来自疫情重点地区的学生、原有基础性心理问题和具有易感个性基础的学生等进行重点干预，将疫情防控知识的宣教与心理干预相结合。开设线上辅导和咨询，通过电话或视频、网络平台等进行心理干预。确实需要面询的，须做好必要的安全防护措施。通过心理干预，避免师生产生对来自疫区学生和对住院、隔离观察以及与前两者同宿舍、同班等同学的歧视。学校应加强关爱、支持和专业督导，帮助心理辅导人员做好自我防护。从事重点人群心理干预工作的专业人员应实行必要的轮换制度，以保持良好的状态为学生提供合适的心理援助。

（八）校园的清洁和消毒要求

疫情期间，应加强校园公共区域以及各类公共场所如教室、图书馆、活动室、室内体育馆等的日常预防性消毒，控制校园内吸烟。校园内出现发热、咳嗽等症状，或14天内有人到过疫情高风险地区，或有病例报告社区的新冠肺炎疑似病例，或有聚集性发热病例时，应及时与所在地疾控中心联系，在其指导下开展随时消毒和终末消毒。

第二节　学生个人自我管理措施

一、个人卫生要求

1. 健康监护：教职员工和学生要做好健康监护，密切关注自身的健康状况。

2. 新冠肺炎流行期间，室内会议室（建议间隔1米及以上）、公用办公室、教室、校车等人员密集空间，建议戴一次性医用口罩。有咳嗽症状的人员要佩戴一次性医用外科口罩，并及时就医。

3. 鼓励多到室外活动，多晒太阳。

4. 严格落实教职员工及学生手卫生措施。餐前、便前便后、外出归来、使用体育器材或学校电脑等公用物品后、触摸眼睛等"易感"部位之前以及接触垃圾、动物或污染物品之后，均要洗手。洗手时应当使用洗手液或肥皂，在流动水下按照"七步洗手法"彻底洗净双手，也可使用免洗手消毒液揉搓双手。

5. 食堂工作人员工作时应穿工作服、戴工作帽、戴口罩，工作服要每日清洗，如被污物污染时应及时更换清洗。接触直接入口食品的，宜佩戴一次性手套并及时更换。

6. 宿舍和教室要勤通风，个人物品勤清洗、勤消毒。

7. 生活规律，提高免疫力。养成健康的生活习惯，保证合理的膳食供给，三餐定时；睡眠充足，加强锻炼；保持良好的心理状态,规律作息。

二、返校途中的个人防护

1. 尽量避免乘公共交通返校;如确需乘公共交通,应全程戴口罩。

2. 勤洗手,随时保证手卫生。尽量减少手与公共用品的接触;在接触了公共用品或者区域后,以及饭前便后、接触体液后应及时洗手,或者用免洗手消毒液揉搓手。避免手接触口、鼻、眼等部位。打喷嚏或者咳嗽时,用纸巾或者肘部衣服挡住口鼻。

3. 尽量减少在人群密集的区域停留,减少与他人的接触。

4. 关注自身健康状况,发觉有发热、咳嗽等症状时应主动测量体温,如果出现可疑情况应戴好口罩,避免接触他人,并及时就医。

5. 保存旅行的票据信息,记录乘车、船的登车地点和发车时间,以备可随时查询。

三、离校就诊指引

1. 前往医院路上,应该根据病情,全程佩戴医用外科口罩或N95口罩。

2. 有条件的情况下,应避免乘坐公共交通工具前往医院;乘车时应打开车窗,保持通风。

3. 随时保持手卫生。在路上和医院时,尽可能远离其他人(至少1米)。

4. 如路途中污染了交通工具,建议使用含氯消毒剂或氧化氢消毒剂,对所有被呼吸道分泌物或体液污染的表面进行消毒。

四、校内隔离观察要求

1. 隔离观察期间的发热咳嗽病例、疑似症状及密切接触者，尽量安排在最短的时间内送到医院诊治。

2. 隔离场所设置应符合当地卫生部门的要求。场所应有足够的空间且相对独立，不得设在紧靠教室、食堂以及学生易到达的地方；采光、通风良好，最好有单独使用的卫生间和洗手设施；要设立提醒标识，要有专人管理，避免其他人员误入。

3. 被观察人员须戴医用口罩，禁止离开房间或相互探访。隔离室不得同时安排不同病例。

4. 定期对隔离场所常规消毒；已有病例、无症状病例、可疑病例或发热人员进入，需在专业部门指导下，进行终末消毒处理。隔离对象的呕吐物、腹泻物、垃圾以及接触过的物品应严格消毒处理。无关人员不得随意进入。不得使用空调系统。

五、居家隔离医学观察要求

居家隔离医学观察的人员每天早晚各测体温1次，并记录在册；若出现发热（体温＞37.3℃）或者干咳、气促、肌肉酸痛无力等症状，应立即社区卫生服务中心或居委会工作人员报告，同时向班主任和学校疫情联络员报告，并戴上医用口罩。出现疑似或确诊病例后，家居环境应及时在当地疾控机构指导下进行终末消毒。学校与负责居家医学观察的卫生部门保持联系，及时沟通信息。

居家隔离医学观察期间，尽量开门窗通风，不能自然通风的用排气扇等机械通风。被观察人员与家庭成员尽量避免近距离接触(至少间隔1米以上距离),被隔离对象最好独居一室,有独立的卫生间,最好处于居家位置的下风向。如果隔离条件不符合要求,可送集中隔离。日常佩戴一次性医用口罩,4个小时或口罩潮湿后更换。注意手部卫生;咳嗽、吐痰或者打喷嚏时用纸巾遮掩口鼻或采用肘护;接触呼吸道分泌物后应立即使用流动水和洗手液洗手。设置套有塑料袋并加盖的专用垃圾桶。被观察人员用过的纸巾、口罩等放置于专用垃圾桶并及时清理,清理前用含有效氯1 000 mg/L的含氯消毒液喷洒或浇洒垃圾至完全湿润,然后扎紧塑料袋口。生活用品专人专用、单独洗涤消毒处理。

六、确诊病例密切接触者隔离医学观察

确诊病例密切接触者隔离医学观察,按照当地政府政策及卫生健康部门的规定和要求实施。

七、返校管理

1. 患病学生病愈且隔离期满后,复课前持医院痊愈证明到校医院(门诊部、卫生室)复核并确认登记,方可复课。若校医复核结论与学生的医院病愈证明不一致,以校医的结论为准,学生暂不返校上课,并遵照校医的休假建议继续休息。

2. 校医应向学生、教职员工和家长做好沟通解释,若对复核结论、休假建议存在争议,校医应立即将情况报告校领导、教育主管部门和疾控机构,协商后做出是否返校的决定,并通知学生

和家长。

3. 对于已排除新冠肺炎感染可能的人员，凡出现呼吸道症状、发热、畏寒、乏力、腹泻、结膜充血等症状者，应待症状消失、身体痊愈后方可返校（发热患者须症状消失48小时后方可返校，呕吐腹泻患者症状消失72小时后方可返校）。因过敏、哮喘等其他原因引起咳嗽症状的，须有医院提供的医学证明。

第三章 大学生常见传染病防控

第一节　急性传染病防控

一、传染病流行病学基本知识

(一) 传染病定义与基本特征

传染病定义：传染病是由病原体引起的，能在人与人、动物与动物或人与动物之间相互传染的疾病。

传染病具有一些基本特征：

1. 有病原体

各种传染病都具有特异性病原体，也即一种病原菌仅能使人感染这种传染病，如甲型肝炎病毒引起甲型肝炎、SARS 病毒引起传染性非典型肺炎等。从患者体内分离培养出病原菌是传染病确诊的依据。

2. 有传染性

所有传染病都具有传染性。依据病种不同、传播方式不同和病程不同，传染病的传播力强弱不一，但都具备将疾病传染给其他健康人群的能力。

3. 有流行性、地方性和季节性

传染病在一定环境因素作用下,都具备在人群中造成流行的能力,有些疾病甚至能在全球范围流行,如流行性感冒、艾滋病等;有些疾病仅局限于一些地区流行,如流行性出血热、恙虫病、血吸虫病等。所有传染病都有各自的流行季节,一般来讲,呼吸道传染病主要在冬春季流行,肠道传染病主要在夏秋季流行。

4. 有免疫性

一般来讲,人感染传染病后,均可产生抵抗该传染病的免疫力,医学上称为特异性免疫力。各种传染病的特异性免疫力维持时间长短各不相同,如麻疹、水痘、肝炎感染后获得的免疫力较持久,几乎终生可以不再受到感染;而有些传染病如疟疾、痢疾等获得的免疫力较短暂。

(二) 传染病流行三大环节

1. 传染源

指病原体在其体内生长、繁殖并能排出体外的人与动物。传染病病人、病原菌携带者(带菌者)在传染病传播中起到重要的作用。在传染病防治工作中,及时发现、及时诊断、及早治疗传染病病人及带菌者,及时报告、及时采取控制措施对消除传染病传播和流行有着至关重要的作用。

2. 传播途径

指病原体从传染源排出到易感人群的过程。传染病传播途径有呼吸道传播、肠道传播、虫媒传播、日常生活接触传播和经血传播等,据此可将传染病分为呼吸道传染病、肠道传染病、虫媒传染病(自然疫源性传染病)和经血传染病等等。

(1)呼吸道传播,即通过呼吸,呼吸道吸入含有病原体的飞沫、尘埃而传播感染。通过呼吸道传播的疾病统称呼吸道传染病,如SARS、流行性感冒、麻疹、新型冠状病毒肺炎等。

(2)肠道传播,又称粪—口传播,指通过摄入病原体污染的水、食品或日常生活接触方式传播感染。通过肠道传播的疾病统称为肠道传染病,如甲型及戊型病毒性肝炎、细菌性痢疾、霍乱、伤寒、副伤寒等。日常生活接触传播主要是与传染病病人同生活,或护理照顾病人,或洗涤病人的衣物而直接接触病人的分泌物、排泄物而受传染得病。日常生活接触传染在肠道传染病方面尤为普遍。

(3)虫媒传播。通过老鼠以及蚊虫等昆虫传播的疾病,称为虫媒传染病或自然疫源性疾病,如鼠疫、流行性出血热、流行性乙型脑炎、疟疾、登革热等。传播方式主要为体内带有病原体的蚊虫、跳蚤、蜱等昆虫在叮咬易感人群后,将病原体传入人的机体而感染。

(4)经血传播。主要通过注射、输血、性生活等方式传播,可称为经血、性传播疾病,如乙型病毒性肝炎、艾滋病、梅毒、淋病等。传播方式为通过静脉注射、输血、分娩或与病人性生活而使病原体进入机体而感染。

3. 易感人群

指对某种传染病缺乏抵抗力的人群。易感人群是传染病传播与流行的重要一环,如果对易感人群及时予以保护,就能阻挡传染病的传播与发生,甚至流行。对易感人群的保护措施最主要的是开展疫苗的免疫预防,以达到提高人群中抵抗传染病的能力,预防传染病发生。

(三)传染病流行的因素及表现形式

1. 传染病流行的两大因素

除了前述传染源、传播途径、易感人群三大环节外,气温、降雨及洪涝、地震等自然因素和人口流动、经济文化水平、卫生基础设施、饮食生活习惯等社会因素,也是构成传染病发生与流行的重要因素,医学上称为传染病发生与流行的三大环节两大因素。

(1)自然因素中的气温高低直接影响病原体的生长、生存,也改变人群的生活、饮食习惯;洪涝、干旱、地震等自然灾害,对传染病发生与流行的影响尤其巨大。

(2)社会因素中的战争、贫困和人口流动是导致传染病流行的极重要因素。战争导致环境尤其是卫生设施破坏、饮水条件恶劣、食品供应短缺,易发生传染病流行。其次,人口流动可将传染病从一个地区传入另一个地区。大量人员流动和聚集,造成人口过分拥挤、清洁用水不足、卫生设施缺乏,形成传染病发生的温床。

2. 传染病流行的表现形式

根据发病率水平、发病数量及传播速度等,传染病的流行可分为散发、暴发、流行、大流行等表现形式。

(1)散发指发病率呈历年的一般水平,各病例间在发病时间和发病地点无明显联系,表现为散在发生。确定散发应参照当地前三年该病的发病率水平。

(2)暴发指在人群中,短时间内病例数突然增多。

(3)流行指某地区某病发病率显著超过该病历年的散发发病率水平。

(4)大流行指发病蔓延迅速,短期内越过省界、国界、甚至洲界,特点是传播迅速。

(四)我国法定管理的传染病及传染病报告

1. 我国法定管理的传染病

2004年全国人大常委会颁布的《中华人民共和国传染病防治法》规定,法定管理的传染病分为甲、乙、丙3类,共39种。

(1)甲类2种:鼠疫、霍乱。

(2)乙类25种:传染性非典型肺炎、艾滋病、病毒性肝炎、脊髓灰质炎、人感染高致病性禽流感、麻疹、流行性出血热、狂犬病、流行性乙型脑炎、登革热、炭疽、细菌性和阿米巴性痢疾、肺结核、伤寒和副伤寒、流行性脑脊髓膜炎、百日咳、白喉、新生儿破伤风、猩红热、布鲁氏菌病、淋病、梅毒、钩端螺旋体病、血吸虫病、疟疾。

(3)丙类12种:流行性感冒、流行性腮腺炎、风疹、急性出血性结膜炎、麻风病、流行性和地方性斑疹伤寒、黑热病、包虫病、丝虫病、除霍乱、细菌性痢疾和阿米巴痢疾、伤寒和副伤寒以外的感染性腹泻病。

(4)增加与调整的传染病:2008年新增手足口病为丙类传

染病;2009年新增甲型H1N1流感为乙类传染病。2013年,将甲型H1N1流感并入流行性感冒;将人感染高致病性禽流感按甲类管理降为乙类传染病;将人感染性H7N9禽流感纳入乙类传染病。2019年,《上海市传染病防治管理办法》要求将水痘按照丙类传染病管理。

2. 传染病报告

《中华人民共和国传染病防治法》及有关法律法规规定,凡发现及诊断为甲类传染病的病人、疑似病人、带菌者,须在2小时内报告;凡发现及诊断为传染性非典型肺炎、肺炭疽等按甲类传染病管理的病人,须在2小时内报告。其他乙类、丙类传染病病人,应在24小时内报告。报告方式:电话报告;在规定报告的时间内,填写传报卡通过传染病网络直报系统进行报告。

二、传染病预防控制策略与措施

(一) 呼吸道传染病预防策略与措施

呼吸道传染病主要采取以免疫预防为主的策略,具体预防措施为:

1. 对适龄易感人群按照疫苗接种要求开展相关疫苗免疫预防,以提高儿童、小学生免疫力。

2. 室内保持空气流通。幼托机构、有住宿条件的学校应提倡勤晒衣被。

3. 鼓励学生加强体育锻炼,增强抗病能力。注意生活学习节律,防寒保暖。

4. 在每年呼吸道传染病流行季节,应加强对幼托儿童及学生的健康观察,及时发现病人,及时离校诊治,以防疫情在校内传播。

(二) 肠道传染病预防策略与措施

肠道传染病主要采取切断传播途径,即以饮食、饮水卫生为主导的预防策略,具体预防措施为:

1. 做好饮用水卫生管理,提供符合卫生要求的饮用水,提倡喝开水。

2. 加强食品在生产、加工、销售、运输等环节的卫生管理,防止食品污染;具体操作上注意生熟分开,食具消毒。对从事饮食、保育、制水等工作的人员定期进行健康检查,发现有《中华人民共和国食品安全法》规定的传染病病人、带菌者予以调离岗位。

3. 开展健康教育。向儿童、学生宣传吃烧熟煮透食品,勤洗手,喝开水,预防肠道传染病,提高学生预防肠道传染病的能力。

4. 校内应做好环境整治工作,对厕所定期消毒和灭蝇;做好粪便管理,提倡粪便无害化。

5. 在每年肠道传染病流行季节,应加强对幼托儿童及学生的健康观察,及时发现病人,及时离校诊治,以防疫情在校内传播。

(三) 发生传染病病例后的控制措施

1. 学校发现传染病病人时,卫生保健老师应做好登记,并向所在地的社区卫生服务中心、疾病预防控制专业机构及上级教育行政部门报告。

2. 通知家长或安排发病的学生及时离校,送医院诊治。

3. 学校按照传染病控制工作要求,配合疾病预防控制专业机构做好本校内疫情控制措施的落实,主要包括:配合做好对病人的流行病学个案调查;对疾控机构确定的密切接触者、一般接触者按照相应的医学观察要求开展医学观察,发现有症状者应及时离校就医;落实校内消毒、灭蚊蝇、健康教育以及饮水饮食的卫生保障等措施;提供需要应急接种或预防性服药的学生名单,开展因病缺勤缺课监测、晨检、全日制健康观察等防控工作。

4. 学校保健老师每天收集有无病例发生的信息以及学校相关控制措施的落实情况,按时向所在区疾病预防控制中心和上级教育行政部门报告。

三、重点传染病预防控制

(一)流行性感冒

流行性感冒(含甲型H1N1型)是由流感病毒引起的急性呼吸道传染病,具有潜伏期短、传播迅速等特点。流感一旦流行,传播速度快,波及面广,对人民健康及社会生活生产有很大影响,对年老体弱多病者及婴幼儿的威胁尤其大,常可引起并发症而导致死亡。

1. 病原学

流感病原体为流感病毒,流感病毒可分为甲、乙、丙三型,其中甲型和乙型流感对人类威胁较大,丙型则多引起小儿散发。甲型流感由于抗原变异频繁,可变异后产生新的流行毒株;一旦形成新的毒株,可在人群中引起暴发、流行甚至世界性大流行,对人类威胁最大。乙型流感主要呈暴发或小流行。

流感病毒在pH 6.5～7.9间最稳定,不耐热,100℃下1分钟或50～60℃下30分钟可灭活,对日光、紫外线、酸、甲醛、乙醇及常用消毒剂敏感。耐冷,在0～4℃可存活数周,在-60℃或冻干条件下可长期保存。

2. 临床表现

潜伏期一般为1～4天,通常2天;出现症状前1天至出现症状后5天有传染性,体温正常后无传染性。

临床表现主要为起病急、高热,体温一般在38℃以上;全身中毒症状明显,表现为肌肉酸痛、头痛、咳嗽、咽喉痛伴有严重不适等;部分老年人和体质较差的人群症状较典型,易发生肺炎、心肌炎等并发症。多数病例在一到两周内恢复。

3. 传染三大环节

(1) 传染源

典型病人是主要传染源。一般潜伏期末即有传染性,发病初期传染性最强。隐性感染及病毒携带者带病毒的时间较短,也起传染源作用。

(2) 传播途径

主要通过空气飞沫传播。流感病毒随说话、打喷嚏或咳嗽喷出的飞沫散布在空气中,其传染性可保持30分钟。也可通过污染的食具、茶杯、毛巾等间接传播。

（3）易感人群

人们对流感普遍易感，男女没有差别。新生儿和老年人易感性高，感染后症状重、病死率高。人患流感1周后可查出抗体，2～3周达高峰，1年左右降至较低水平。

4. 流行特征

流感在世界各地均有发病，地区分布差异与病毒抗原的变异、人群密集程度、交往频度、传染源数量、人群免疫状态和预防控制措施有关。流感一年四季均可发生，我国北方多在冬春季流行，南方多在夏秋季流行；上海市有冬春季（2～4月）、夏秋季（7～8月）季节性发病高峰，以5～20岁年龄组发病率较高，男女发病率差别不大。易在学校等集体单位出现聚集性或暴发。

5. 防控措施

一般采取综合性预防措施，即保持室内空气流通、发现病例及时隔离治疗、流行季节不去人员拥挤的公共场所、加强体育锻炼、增强自身体质；对年老体弱、婴幼儿等重点人群可采用流感疫苗免疫预防。

（1）个人预防措施

流感流行季节应重点采取以下预防措施：

1）定期开窗通风，保持室内空气流通。

2）保证充足睡眠，勤于锻炼，保证足够营养。

3）传染病流行季节，尽量少去人群拥挤场所。

4）养成良好的个人卫生习惯，经常使用肥皂和清水洗手。

5）可选择应用疫苗进行免疫预防。

6）出现类似流感症状应减少与他人接触，并及时就医。

（2）学校防控措施

1）学校应有专人负责本校因病缺勤缺课情况的网络直报工作，在规定时间内上报相关数据；对因病缺勤缺课学生的健康情况进行追踪，并做好追踪记录。

2）学校应建立完善的健康观察工作制度，按照健康观察工作要求，做好本校的学生健康观察，发现流感疑似症状的学生应劝其及时去医院就诊。加强室内开窗通风，对同班级学生加强医学观察，发现流感疑似症状及时报告。

3）学校应建立流感登记与报告制度，发现流感患者应做好登记并及时报告；发生流感聚集性疫情、暴发疫情应向所在社区卫生服务中心，区、县疾病预防控制中心和区教育行政部门报告。

4）开展健康教育，向学生普及流感预防接种和流感防治知识，提高其防护能力和防护意识。

（二）水痘

1. 病原学

水痘是由水痘-带状疱疹病毒引起的急性呼吸道传染病。其病原体为水痘-带状疱疹病毒。水痘-带状疱疹病毒属疱疹病毒科，为双链的脱氧核糖核酸病毒，仅有一个血清型。病毒在外界环境中生存力很弱，不耐热和酸，对含氯、过氧乙酸等消毒剂敏感。

2. 临床表现

该病潜伏期为12～21日，平均14日。

临床表现主要为发热,体温38℃以上,有头痛、咽痛等卡他症状,在发病24小时内出现皮疹,皮疹先发于头皮、躯干受压部分,呈向心性分布。最开始为粉红色小斑疹,迅即变为米粒至豌豆大的圆形紧张水疱,周围明显红晕,有水疱的中央呈脐窝状。黏膜亦常受侵,见于口腔、咽部、眼结膜等部位。皮损呈现由细小的红色斑丘疹→疱疹→结痂→脱痂的演变过程,脱痂后不留瘢痕。

水痘常见并发症有脑炎、肺炎、雷耶综合征、心肌炎、关节炎、肾炎等,若妊娠期感染水痘,可引起胎儿畸形、早产或死胎。

3. 传染三大环节

(1)传染源

水痘传染源主要为病人,病人出疹前2天内至皮疹结痂为传染期。

(2)传播途径

主要通过呼吸道、日常生活接触传播。水痘传染性强,近距离接触后感染率可高达80%以上。

(3)易感人群

人群对水痘普遍易感,主要感染对象为4~10岁儿童,通常成人的临床症状比儿童重。感染后可获得长久免疫力。

4. 流行特征

一年四季均可发病,好发季节为冬季和初春;主要感染对象为儿童与小学生,幼托机构、小学易暴发。

5. 防控措施

对于水痘一般采取以免疫接种为主的预防措施,即对适龄儿童开展水痘疫苗免疫预防。此外保持室内空气流通,幼托、学校等集体单位做好预防性消毒,加强体育锻炼、增强自身体质,流行季节不去人员拥挤的公共场所,发现病例及时隔离治疗等,都是应该采取的基本预防措施。

(1)个人预防措施

对于水痘传染,个人应采取以下预防措施:

1)定期开窗通风,保持室内空气流通。

2)保证充足睡眠,勤于锻炼,确保足够营养。

3)传染病流行季节,尽量少去人群拥挤场所。

4)养成良好的个人卫生习惯,经常使用肥皂和清水洗手。

5)出现水痘疑似症状应减少与他人接触,并及时就医。

(2)学校防控措施

1)学校应有专人负责本校因病缺勤缺课情况的网络直报工作,在规定时间内上报相关数据;对因病缺勤缺课学生的健康情况进行追踪,并做好追踪记录。

2)学校应建立完善的健康观察工作制度,按照健康观察工作要求,做好本校的学生健康观察,发现水痘疑似症状的学生应劝其及时去医院就诊。加强室内开窗通风,对同班级学生加强医学观察,发现水痘疑似症状及时报告,并可应用水痘疫苗开展应急接种。

3)学校应建立水痘登记与报告制度,发现水痘患者应做好登记并及时报告;发生水痘聚集性疫情、暴发疫情应向所在社区卫生服务中心,区、县疾病预防控制中心和区教育行政部门报告。

4）开展健康教育，向学生普及水痘预防接种和水痘防治知识，提高其防护能力和防护意识。

（三）诺如病毒性腹泻

1. 病原学

诺如病毒以前又称诺瓦克病毒，最早于1968年在美国俄亥俄州的诺瓦克市分离发现，属于杯状病毒科，主要分为5个不同基因组（GⅠ、GⅡ、GⅢ、GⅣ、GⅤ），其中GⅠ、GⅡ和GⅣ基因组主要感染人类，最主要的是GⅡ型病毒。诺如病毒的厉害之处在于感染剂量很低，人体摄入少量就能致病。

诺如病毒抵抗力强，对热、乙醚和酸稳定，室温pH 2.7环境下可存活3小时，20%乙醚4℃处理可存活18小时。60℃ 30分钟仍有感染性。对含氯、过氧乙酸等消毒剂敏感。

2. 临床表现

潜伏期多为24～48个小时，最短12小时，最长72小时。

人一旦感染了诺如病毒，临床表现主要为发热、恶心、腹泻、呕吐等，24小时内腹泻可达4～8次，粪便多为稀水便或水样便；同时也可见头痛、寒战和肌肉痛等症状。成人以腹泻型为主，儿童以呕吐型为主。该病具有自限性，轻症病例一般病程1周即可痊愈。对典型的病例应及时就诊并对症治疗。

3. 传染三大环节

（1）传染源

诺如病毒性腹泻的传染源主要是病人及健康带毒者。患者的粪便和呕吐物中可含有大量病毒，而且人感染病毒后，发病前便可通过大便排出病毒,即便症状好转后仍然可以排出病毒,排出病毒时间可超过两周。

（2）传播途径

诺如病毒性腹泻以肠道传播为主,可通过污染的水源、食物、物品、日常生活接触等传播。病人的呕吐物和粪便在自然界中若污染水源,可间接污染食品；病人的呕吐物和粪便可形成气溶胶,与病人近距离接触可传染。

（3）易感人群

人群对诺如病毒性腹泻普遍易感。感染后可产生抗体,但缺乏长期免疫。各型诺如病毒无明显的交叉免疫,易反复感染。

4. 流行特征

诺如病毒性腹泻一年四季均可发病,发病高峰在秋冬寒冷季节(每年11月～次年2月)。常容易在幼托、学校、孤老院、野营基地、医院、游轮等场所出现集体性发病或暴发。

5. 防控措施

对诺如病毒性腹泻的预防,以切断传播途径为主要措施,即做好饮食饮水卫生,提供符合卫生要求的饮用水和食品；加强对食堂、制水人员的卫生管理；开展健康教育,养成良好的个人卫生习惯。

（1）个人预防措施

1）平时养成正确的洗手方法,勤洗手、认真洗手。

2）对食品充分加热,对餐具进行消毒。

3）保持个人卫生。

4）保持室内空气流通，每日通风不少于2次，每次不少于30分钟。

5）规范处理患者呕吐物和排泄物，处理时使用手套并戴口罩等。

6）对被污染的地方及物件，用家用漂白水和含氯消毒液清洗和消毒。

7）在外就餐尽量不吃生冷食物。

（2）学校防控措施

1）学校应有专人负责本校因病缺勤缺课情况的网络直报工作，在规定时间内上报相关数据；对因病缺勤缺课学生的健康情况进行追踪，并做好追踪记录。

2）学校应建立完善的健康观察工作制度，按照健康观察工作要求，做好本校的学生健康观察，发现有诺如病毒性腹泻疑似症状的学生应劝其及时去医院就诊。对患者呕吐物应用一次性处置包进行处置；对被患者污染的桌面、走廊等开展终末消毒。对同班级学生加强医学观察，发现诺如病毒性腹泻疑似症状及时报告。

3）学校应建立本校诺如病毒性腹泻登记与报告制度，发现属诺如病毒性腹泻的患者应做好登记并及时报告；发生诺如病毒性腹泻聚集性疫情、暴发疫情应向所在社区卫生服务中心，区、县疾病预防控制中心和区教育行政部门报告。

4）学校应定期开展对饮食从业人员等重点人群的健康体检，及时发现病人和带菌者，及时治疗，并按规定调整岗位。建立食品卫生和食堂管理工作制度，规范食品操作，防止食品在采购、洗涤、加工、储存、供应环节受到污染,做好食具消毒。订购有资质的、卫生合格的盒饭加工单位加工的盒饭,并索取相关凭证。做好饮用水卫生管理,提供符合卫生要求的饮用水,每学期开学前,应对学校内使用的沙滤水(直饮水)做好清洗、消毒、送检,符合卫生要求后方可提供饮用。

5)开展健康教育,向学生普及诸如病毒性腹泻防治知识,提高其防护能力和防护意识。

(四)甲型、戊型肝炎防控

1. 病原体

病毒性肝炎是由多种肝炎病毒引起的以肝脏病变为主的一种传染病,主要分为甲、乙、丙、丁、戊5型。

甲型肝炎病毒(hepatitis A virus,HAV)属于小RNA病毒科、嗜肝病毒属,人和脊柱动物是其自然宿主。HAV对外界环境抵抗力较强,在水源、土壤及毛蚶等水产品中可存活数天至数月,可耐受酸碱(pH 2~10)、有机溶剂及60℃以下温度。

戊型肝炎病毒(hepatitis E virus,HEV)属于肝炎病毒科、戊型肝炎病毒属,可感染人类及其他动物,在我国以基因Ⅰ型和Ⅳ型感染为主。HEV不稳定,4~8℃超过3~5天会自然降解,对高盐、氯仿敏感。

2. 流行特征

甲型和戊型肝炎主要经消化道传播,即通过直接接触或摄入受污染的食物或水传播。病毒可通过食用生肉或未加工的贝类传播;卫生条件差的地区,感染者粪便中排出的病毒若进入饮水供应系统,也会引起传播。戊肝是人畜共患病,带病毒的猪是主要传染源之一。上海市动物宿主戊型肝炎感染监测发现,猪胆汁中戊肝病毒阳性率在7%左右,人在接触猪及其排泄物后极有可能感染戊肝。母婴传播也是戊肝病毒的传播途径。有少数案例报道甲、戊肝可经血液传播,多为由输血传播。人群普遍易感。

冬、春季为发病高峰,潜伏期为15～60天不等;病程大多自限,均可通过疫苗预防。1988年,上海市发生因食用毛蚶引起的甲型肝炎暴发流行,患者数超过30万人。1986～1988年,新疆南部地区发生戊型肝炎暴发流行。近些年,我国戊型肝炎散发病例呈现缓慢但持续的上升趋势,上海市的HEV-IgG抗体阳性率大于20%。目前,全球每年约有1.1亿人感染甲型肝炎病毒(HAV),其中880万人急性发病;每年约有1 950万人感染戊型肝炎病毒(HEV),其中150万人急性发病,4.97万人死于戊型肝炎感染相关疾病。

3. 临床特征

甲型、戊型肝炎是由HAV/HEV引起的以肝脏病变为主的一种传染病,病程大多自限,以食欲减退、恶心、上腹部不适、肝区痛、乏力为主要症状,部分病例会出现黄疸。儿童和青少年感染多为轻症或无症状的亚临床型,成人罹患则多为临床型。

甲型肝炎无慢性化,感染即可获得终身免疫,不会再次感染,极少数患者可进展为急性重型肝炎。戊型肝炎患者无法获得终身免疫,存在再次感染的可能,如存在免疫缺陷可出现慢性化,甚至发展为肝硬化或肝细胞癌。妊娠期妇女感染 HEV 易导致早产、流产或死胎,病死率高达 20%～25%。慢性肝病患者伴发戊肝也易导致重症肝炎乃至死亡。

4. 防控措施

(1) 个人预防措施

1) 切断病毒的传播

首先要食用安全的食物和水;此外,养成良好的个人卫生习惯也同样重要,饭前便后要用干净的水洗手;不喝生水,海产品、水产品要煮熟再食用;日常烹饪注意盛放生熟食料的厨具须分离使用,同时要注意避免与病毒感染者共用餐具。

2) 免疫预防

甲型/戊型肝炎可以通过接种疫苗获取保护性抗体,接种疫苗是预防和控制这两种病毒性肝炎的最佳策略。

(2) 学校防控措施

1) 疫情报告

学校发现甲肝/戊肝聚集性病例或暴发疫情,应立即向辖区内的社区卫生服务中心或区疾控中心报告。

聚集性病例:一星期内,同一学校、幼儿园或社区等集体单位发生 2～4 例及以上甲肝/戊肝病例。

暴发疫情:一星期内,同一学校、幼儿园或社区等集体单位发生 5 例及以上甲肝/戊肝病例。

2) 控制传染源

健康观察和统计报告:发现可疑或疑似病例,必须及时隔离治疗。每日统计可疑或疑似病例数据,向所在地的社区卫生服务中心报告,社区卫生服务中心再及时向区疾控中心报告。

隔离病例:发现学生有病毒性肝炎临床症状且有相关流行病学史后,应尽快送到医院进行确诊治疗;满足复学条件的病例应由有肝炎诊治资质的医疗机构开具复学诊断证明或复学诊断建议书,作为可以复学的临床依据。

医学观察:甲型/戊型肝炎患者的密切接触者自最后一次接触日起,医学观察45天;如系居家病人的接触者,医学观察75天。

3)综合防控,消除病毒传播因素

做好食品及饮用水卫生的管理、监督与指导,加强甲肝/戊肝等肠道传染病监测,一旦发现传染源,要及时规范处置。

加强环境消毒,安排专业人员负责学校的消毒管理工作;如发生聚集性疫情、暴发疫情,以及甲型、戊型或未分型肝炎的病例,在报告后6小时内,由相关工作人员对病毒可能波及范围内的环境及各类物品进行消毒处理。

4)健康宣教

根据国家卫生健康委员会疾控局《关于印发病毒性肝炎防治知识要点的通知》和上海市健康促进中心《上海市公民健康素养核心信息72条》,对学生和教职工开展病毒性肝炎等传染病预防知识的普及教育。

鼓励学生养成良好的卫生习惯;提醒学生和教职工若到甲型/戊型肝炎高发地区旅行或工作,应注意饮食、饮水卫生,提前接种肝炎疫苗。

第二节　慢性传染病防控

一、结核病防控

（一）病原体

结核病是由结核分枝杆菌引起的慢性呼吸道传染病。结核分枝杆菌主要侵犯肺脏，导致肺结核病；也可侵袭肝脏、肾脏、脑部、骨骼、淋巴结等器官，导致肺外结核病。

（二）流行特征

飞沫传播是结核病的主要传播途径。带菌的肺结核患者可通过咳嗽、喷嚏、大笑、大声说话等方式把含有结核分枝杆菌的飞沫排出到空气中，健康人吸入带菌飞沫就会受到感染。所有人群都有可能被感染，但是大部分感染者不会发展为结核病，感染者一生中发展为结核病的概率为5%～10%，男性多于女性。人类免疫缺陷病毒（HIV）感染者、老年人、糖尿病患者、免疫力低下者等更易发病。

结核病是一种古老的疾病，已与人类共存了上千年。在抗结核药物发明之前，结核病的死亡率很高；20世纪40年代之后，随着链霉素、异烟肼等药物的问世，结核病的治疗方案逐渐完善，发病率和死亡率大幅下降，但就世界范围来看，结核病的防控形势依然十分严峻。2018年全世界约有1 000万人患有结核病，约150万人因结核病死亡。结核病是世界前10位死因之一，为单一传染性疾病死因之首。HIV的流行和耐药结核病的出现加剧了结核病防控的难度。

我国是世界30个结核病高负担国家之一，每年新增患者数居世界第二位（占全球病例数的9%），仅次于印度。2018年我国结核病发病率为61/10万，在30个结核病高负担国家中排第28位；结核病死亡率为2.6/10万，在30个结核病高负担国家中排第29位。

（三）症状

肺结核的可疑症状有咳嗽咳痰≥2周、咯血或血痰、发热、盗汗、胸痛、乏力、体重减轻等。肺结核的早期症状较轻，且往往缺乏特异性表现，容易被忽视，从而耽误了诊断和治疗的最佳时间。因此一旦出现上述症状，尤其是经抗生素治疗3～4周仍无明显好转的咳嗽咳痰、痰中带血、长期不明原因低热，以及有糖尿病、呼吸系统基础疾病、HIV/AIDS、免疫功能低下或接受糖皮质激素及其他免疫抑制剂治疗的患者出现相关症状时，应高度警惕。

出现肺结核可疑症状后应及时到结核病定点医疗机构就诊。结核病的确诊需要进行痰菌检测（痰涂片、痰培养和分子生物学检查）和胸部影像学检查（胸片或胸部CT）等；早诊断、早治疗是结核病防控最有效的手段。及时治疗，按规范疗程全程规律服药，85%～90%的结核病患者可以治愈。不规律治疗可能导致复发，甚至产生耐药，导致疾病迁延不愈和进一步传播扩散,对自身、家人和社会都会造成更大的损害。

(四)防控措施

1. 个人预防措施

(1)一旦出现咳嗽咳痰2周以上等肺结核可疑症状,应及时至医院就诊,以便早期发现活动性肺结核病。

(2)如被诊断为疑似或确诊肺结核,应当主动向学校报告,不隐瞒病情、不带病上课。

(3)一旦确诊为活动性肺结核,一定要遵照医嘱定期就诊和复查,做到全疗程规律服药,及时治愈,避免传染他人。

(4)如果同学、老师或家人中有肺结核患者,应主动接受肺结核筛查。

(5)养成良好的个人卫生习惯,不随地吐痰;咳嗽、打喷嚏时遮掩口鼻,出现咳嗽咳痰症状时应戴好口罩;勤洗手,不吸烟,平时应保证睡眠充足、膳食合理;加强体育锻炼,提高抵御疾病的能力。

(6)保持教室、宿舍环境整洁,定期开窗通风,可有效防止结核杆菌的传播。

(7)寒暑假结束返校时,应如实填写并上报《师生发生或疑似传染病个人报告单》(详见附件5)。

2. 学校防控措施

(1)开展健康教育

学校应定期组织健康教育课程,向学生和教职员工广泛宣传结核病防治知识,提高师生对肺结核的认识,增强自我防护意识,同时减少对结核病患者的歧视。

（2）严抓环境卫生

学校应按照《国家学校体育卫生条件试行基本标准》等文件要求,保障学生学习和生活的人均使用面积,维护良好的学校卫生环境;在校园内定期开展环境清扫保洁,消除卫生死角;定期对教室、宿舍及其他公共区域进行室内通风和环境消毒,预防结核病在校园内的传播。

（3）规范健康体检

学校应将结核病筛查作为年度健康体检、新生入学体检和教职工常规体检的必查项目,并建立学生和教职工健康档案,记录并保存体检结果;应按照有关要求及时向市教委高校卫生保健公共管理平台报送信息。

（4）做好疫情发现、监测与报告

学校要建立健全校内各相关部门之间、学校与家长之间、学校与所在区疾病预防控制中心之间以及学校与教育行政部门之间的信息沟通和联系机制,明确具体联系人和联系方式。

1）做好结核病可疑患者报告。学校应建立结核病可疑患者报告制度,明确学生、院系辅导员和校医院对结核病可疑患者的逐级报告流程和报告方式,做好相关宣传培训,并保护个人隐私。对校医院无法排除肺结核的病例,应及时转至所在区结核病定点医疗机构进行进一步检查,及时追踪了解诊断和治疗情况,并做好登记和报告。

2）做好因病缺勤缺课学生的病因追查及登记。学校应及时了解因病缺勤缺课学生的患病情况和可能原因,如怀疑为肺结核应及时报告学校卫生（保健）室或校医院；学校卫生（保健）老师或校医应追踪了解学生的诊断和治疗情况，并做好登记和报告。

3）做好发生或疑似传染病个人报告。学校应在寒暑假后组织全校师生开展健康情况排查，所有返校师生应如实填写《师生发生或疑似传染病个人报告单》（见附件5），学校应及时汇总分析，排摸结核病疫情隐患，及时向区疾控中心报告并采取相应防控措施。

4）做好病例报告。学校结核病疫情报告人对发现的肺结核疑似或确诊病例，按照《学校和托幼机构传染病疫情报告工作规范（试行）》等文件要求，向学校负责人、区疾控中心和区教育行政部门报告，高校、委办局所属中等职业学校应同时按有关要求及时向市教委相关管理平台报送信息。

5）做好病例管理。确诊肺结核病例需要在结核病定点医疗机构接受规范的抗结核治疗，并接受疾病预防控制中心全程管理。对菌阳、病灶广泛或伴空洞、具有明显症状等符合休学条件的学生肺结核病例，必须严格落实休学治疗措施；学生肺结核病例经过规范治疗后，凭定点医疗机构相关证明方可复学。

对无须休学可在校治疗的学生患者，学校应在辖区疾病预防控制中心的指导下，指定专人督促患者按时服药并定期复查。学校对结核病疑似病例应采取相应的隔离措施（可采取居家隔离或在校相对隔离），隔离期间学生不应参与学校集体活动及教学活动。学校应密切关注学生的诊断情况，一旦确诊肺结核应按上述要求进行休复学管理。

教职工如发现肺结核病例,管理要求与学生相同。

6)做好流行病学调查和密切接触者筛查。一旦出现确诊肺结核病例,学校应在辖区疾控中心的指导下,组织开展病例流行病学调查和密切接触者筛查等工作。

二、艾滋病防控

(一)病原体

艾滋病是由人类免疫缺陷病毒(Human Immunodeficiency Virus, HIV)引起的全身性疾病,全称为获得性免疫缺陷综合征(Acquired Immunodeficiency Syndrome, AIDS)。HIV会攻击人体免疫系统,尤其会特异性攻击CD4细胞;在长期未接受抗病毒治疗(Antiretroviral Therapy, ART)的情况下,HIV会使人体免疫系统最终无法抵御外界感染和疾病,引发机会性感染或感染相关肿瘤,即发展成艾滋病。

HIV对外界抵抗力较弱,对热、干燥敏感,60℃以上就可被灭活。HIV对化学品也十分敏感,常用的消毒剂如70%酒精、10%漂白粉、2%戊二醛、4%福尔马林等均能灭活病毒。

(二)临床特征

如果感染了HIV又没有接受治疗,则HIV感染者会经历以下三个感染阶段;处于任何一个阶段的HIV感染者均可接受抗病毒治疗来延缓病情进展。

1. Ⅰ期（又称急性期）

通常发生在初次感染HIV后2～4周。临床表现以发热最为常见，可伴有咽痛、盗汗、恶心、呕吐、腹泻、皮疹、关节疼痛、淋巴结肿大及神经系统症状。大多数患者临床症状轻微，持续1～3周后缓解。

2. Ⅱ期（又称潜伏期或无症状期）

此期为机体免疫系统与HIV的相持阶段，特点是感染者的免疫功能逐步降低但尚未严重缺陷。在此期间，HIV活跃在感染者体内，但血液中的病毒载量并不高，感染者可能没有任何症状或只出现非艾滋病指征性疾病。对于未接受抗病毒治疗的感染者，此期可持续10年左右；而对于接受规范化抗病毒治疗的感染者，其潜伏期可维持几十年。

3. Ⅲ期（又称AIDS期）

此期为感染HIV后疾病进展的最终阶段，病人因免疫系统严重缺陷，出现艾滋病的各种指征性疾病，如HIV消耗综合征、严重的机会性感染、HIV相关性肿瘤或中枢神经系统病变等病症。若不予以治疗，AIDS病人只能存活3年左右。AIDS的一般症状包括发冷、发烧、出汗、淋巴结肿大、虚弱和体重下降。

（三）流行病学特征

HIV感染者和AIDS病人均是传染源。HIV主要存在于感染者的血液、精液、前列腺液、直肠液、阴道分泌液中；乳液也含有一定量的HIV，而唾液、泪液、尿液、汗液的HIV传播学意义不大，因此通常将艾滋病传播途径分为：性接触传播、经血液传播和母婴传播3大类。蚊虫和宠物不传播HIV，HIV也不通过空气、食物和水传播，共用马桶、游泳池也不会感染HIV。人群对HIV普遍易感，感染后可以产生一定的免疫力，但不足以清除体内的HIV。HIV必须通过接触易感者的黏膜、破损的组织或者直接注射入血液中才能进行传播。

据中国疾病预防控制中心、联合国艾滋病规划署、世界卫生组织联合评估，截至2018年底，我国估计存活HIV感染者约125万，估计新发感染者每年8万例左右，全人群感染率约为9.0/万。我国青年学生中新报告感染者从2012年的1 387例逐年增至2015年的3 236例，随后几年我国新报告青年学生感染者人数保持稳定。上海市的情况与全国类似，2018年上海市新报告的15～24岁青年感染者为381例，其中明确为青年学生感染者66例，八成以上经男性同性途径传播。2006～2018年间HIV/AIDS新诊断病例中，经性传播感染比例自33.1%上升至94.8%，性传播现已取代注射吸毒和输血传播而成为最主要的HIV传播途径。

（四）防控措施

1. 个人预防措施

（1）拒绝毒品、自尊自爱、遵守性道德、保持积极向上的生活方式是预防艾滋病的根本措施。

（2）掌握艾滋病相关知识及有关性健康知识，提高自我保护意识与技能，坚持正确使用安全套，可有效预防艾滋病/性病的感染。

（3）如果希望避免HIV感染，不发生无保护性行为是最为有效的预防措施；如果要发生性行为，使用安全套是预防HIV感染的最普遍的方法，也就是进行有保护的性行为。其次选择值得信赖的性伙伴、减少性伙伴的数量也是非常重要的保护方式。

在使用安全套之前，确保你了解正确的使用方法：

① 每次发生性行为都使用安全套；

② 在性行为发生前而非中途开始使用安全套；

③ 仔细阅读安全套的说明并查验保质期；

④ 确保安全套是完整的，没有任何破损；

⑤ 在干燥、温度低的环境中存放安全套；

⑥ 使用乳胶或聚氨酯材料制成的安全套；

⑦ 可以用润滑剂预防安全套使用过程中破损。

（4）如果在毫无准备的情况下发生了无保护性行为，补救办法是在72小时内（24小时内为佳）服用抗病毒药物，可以有效阻断可能的HIV感染；但暴露后预防性用药需要自费服药1个月，并伴随药物副反应，因此不建议作为首选的HIV预防手段。

（5）知晓自己和性伴侣的HIV感染状态是非常重要的，有助于掌握怎样预防HIV感染或怎样不把HIV传染给别人。不能通过外表判断一个人是否感染了艾滋病病毒，唯一可行的就是去做HIV检测。如需了解感染状况，应到疾病预防控制中心、社区卫生服务中心或者医院等医疗卫生机构进行检测；部分高校内设医疗机构也设置了HIV快检点，具体的检测点信息可以通过"上海疾控"微信公众号查询。如果有HIV私密检测的需求，可以去药店购买HIV口腔渗出液快检试纸、HIV尿液自检试剂来进行自我检测；检测若出现阳性或不确定的结果，应尽快到疾控中心或者正规医疗机构进行检测。

（6）一旦感染了艾滋病病毒，就需要进行终身的规范的抗病毒治疗。上海市公共卫生临床中心是上海市唯一一家艾滋病抗病毒治疗定点机构。

2. 学校防控措施

（1）建立疫情通报制度

学校要根据本校实际，与所在地疾病预防控制中心合作，共同采取防控措施，通过会议、疫情通报等方式，定期听取属地疾病预防控制中心有关本校学生艾滋病疫情的通报。

（2）广泛开展健康教育

促进学生树立牢固的自我保护和保护他人的意识，强化学生预防艾滋病和性病的意识，避免高危行为的发生。

建立由教务、学生工作、共青团组织、校医院等部门共同推进预防艾滋病教育的工作机制，明确牵头单位，确保工作到位。

认真落实高校和中等职业学校在新生入学时发放预防艾滋病教育处方、在入学教育中开展不少于1课时的艾滋病综合防治知识教育等任务，确保高校每学年每个在校学生不少于1课时的预防艾滋病专题讲座时间。

将预防艾滋病教育与性健康教育有机结合，积极探索适合不同学段学生身心发育、认知能力的性健康教育内容和方式，将性道德、性责任、预防和拒绝不安全性行为作为教育重点，提高教育的针对性和效果。

注重发挥家长在学生形成正确价值观和性观念方面的重要作用,通过健康教育课、开学第一课、告家长书等方式对学生和家长开展艾滋病相关预防知识的宣教,让学生和家长了解艾滋病的危害和防治知识,通过共同努力,提高学生自我防护能力。

充分调动学生参与艾滋病防控工作的积极性,发挥青年志愿者作用,支持学生社团、大学生青年志愿者通过同伴教育、健康咨询等形式,传播预防艾滋病知识,提高学生的自我保护意识和能力。要将学生参与预防艾滋病宣传教育活动统筹纳入学生志愿者服务管理,在资金、场所等方面提供支持,并向疾病预防控制机构寻求技术支持。

(3)实施健康干预

配合当地卫生健康和教育部门开展预防艾滋病教育试点工作,以问题为导向,以需求为目标,通过典型案例,提高教育的有效性。探索预防艾滋病知识的普及教育与针对有特殊需求学生的干预服务相结合的模式,及时总结经验,逐步推广。教育部和国家卫生健康委员会将选择部分高校开展这项工作的试点。

探索利用"互联网+综合干预""互联网+检测"等新手段,帮助学生识别易感染艾滋病危险行为、知晓寻求帮助的途径和方法。配合当地疾病预防控制机构,向学生提供艾滋病自愿咨询检测点的分布和联系方式等信息,通过宣传教育,引导有易感染艾滋病行为的学生主动寻求咨询检测服务。有条件的高校内设医疗机构要设置艾滋病检测点,检测点应具备艾滋病和梅毒检测咨询能力,为学生提供检测咨询服务。

协助当地疾病预防控制机构,针对有男性同性性行为的学生开展行为干预工作,通过减低危害和同伴教育,降低感染艾滋病的风险。

三、乙肝防控

(一)病原体

乙型肝炎是由乙型肝炎病毒引起的以肝脏病变为主的一种传染病。乙型肝炎病毒(Hepatitis B virus,HBV)属于嗜肝DNA病毒科、正嗜肝DNA病毒属。HBV共有10种基因型,不同基因型HBV的生物学特性及感染后的临床转归存在一定差异,如B型和C型HBV较其他型容易通过母婴垂直传播,C型比B型更容易进展成肝硬化和肝癌。

HBV对外界环境抵抗力较强,30~32℃可存活至少6个月,-20℃可存活15年,对干燥环境及紫外线均有抵抗性。

(二)流行特征

乙肝传染源主要为急、慢性患者以及亚临床患者和病毒携带者,后两者因数量庞大且不易察觉,因而在疾病传播流行中起着主要作用。乙型肝炎患者和病毒携带者的传染性高低,主要取决于血清中HBV DNA水平,HBV DNA水平较高的患者或携带者更易传染给易感者。医务人员、病毒感染者或者患者的密切接触者、经常输血或使用血制品者、接受血液透析或器官移植者、静脉注射吸毒品者和其他重点人群(如:托幼机构工作人员、免疫功能低下者、易发生外伤者和人民警察）等人群感染风险较高。

乙肝主要经血液、母婴及性接触途径传播。病毒可通过破损的皮肤或黏膜接触感染的血液和各种体液（包括唾液、经血、阴道液和精液）传播，主要传播途径为使用未经严格消毒的医疗器械或侵入性诊疗操作、不安全注射及静脉吸毒等。此外，生活中未严格消毒的文身、扎耳洞、修足以及共用剃须刀、牙刷、毛巾、搓澡巾等不良生活习惯也会引起病毒传播。母婴传播主要发生在围产期，多为在分娩时接触病毒阳性母亲的血液和体液传播。未接种疫苗的男男性行为者以及有多个性伴、或与性工作者有接触的异性恋者尤其容易因性行为而被感染。日常生活与工作中打喷嚏、咳嗽、亲吻、握手、拥抱、用餐等行为不会传染。流行病学和实验研究未发现HBV经吸血昆虫（蚊、臭虫等）传播的情况。

发病无季节性，潜伏期为30～180天不等。随着母婴阻断和乙型肝炎疫苗的普及，我国急性HBV感染明显减少。2014年全国1～29岁人群乙型肝炎血清流行病学调查结果显示，1～4岁、5～14岁和15～29岁人群乙肝表面抗原（HBsAg）阳性率（即乙肝感染率）分别为0.3%、0.9%和4.4%。全球约有20亿人曾感染HBV，其中3.4亿人为慢性HBV感染者，每年约有68.6万人死于HBV感染及其相关疾病。

（三）临床特征

乙肝临床症状以食欲减退、恶心、上腹部不适、肝区痛及乏力为主,部分病例会出现黄疸;可慢性化,甚至进展为肝硬化和肝细胞癌。儿童感染HBV极易慢性化,成人感染者90%以上可自然痊愈。

(四)防控措施

1. 个人预防措施

养成良好的卫生习惯,不到非法经营的医疗诊所接受注射;不去无正规医疗资质的诊所或美容机构拔牙、耳垂穿孔,不文身。注意个人卫生,不与他人共用剃须刀、搓澡巾、牙具、理发用具等物品。坚持安全性行为,男男同性性行为者和有多个性伴侣者应定期检查,尽量减少性伴侣的数目,并坚持正确使用安全套。

乙肝可以通过接种疫苗获取保护性抗体,因此接种疫苗是预防和控制乙型肝炎的最佳措施。接种乙型肝炎疫苗后有抗体应答者的保护效果一般至少可持续12年。

意外暴露于乙肝病毒者,建议立即开展乙肝相关指标的血清学检测(如HBV-DNA、乙肝两对半、ALT和AST),并在3个月和6个月内复查;根据疫苗接种史与抗-HBs水平,考虑接种乙肝疫苗与注射乙肝高效价免疫球蛋白(HBIU)。一旦出现可疑肝炎症状,应及时至感染科门诊就诊;如被确诊应遵从医嘱进行规范化治疗,切忌自行停药或轻信虚假广告。

2. 学校防控措施

(1)健康宣教

根据国家卫生健康委员会疾控局《关于印发病毒性肝炎防

治知识要点的通知》和上海市健康促进中心《上海市公民健康素养核心信息72条》，对学生和教职工进行病毒性肝炎健康知识和传染病预防知识的教育。

（2）消除社会歧视

社会上对乙型肝炎患者的歧视比较突出。近年来，政府相继出台系列文件，明确规定除特殊行业外，各级各类教育机构、用人单位在公民入学、就业体检中，不得要求开展乙肝项目检测，范围包括"乙肝五项"和"HBV-DNA"；同时，对于泄露个人隐私的医疗单位给予暂停营业的处罚。

对于年度健康体检、新生入学体检和教职工常规体检中肝脏生化检测不明原因异常者，应及时告知体检者检查结果，并建议其前往感染科门诊就诊，及时进行肝炎相关指标的进一步检测。

（3）免疫预防

高校大学生由于来自五湖四海且聚集度高，因此感染乙肝的风险较高，为乙肝疫苗推荐接种对象。社区卫生服务中心接种门诊可提供乙肝疫苗接种服务，学校也可申请设置集体单位接种门诊，为本校学生及教职员工等接种指定种类的疫苗。

（五）健康教育知识点

1. 乙肝经血液、母婴和性传播。
2. 接种乙肝疫苗是预防乙肝最安全、最有效的措施。
3. 日常工作、生活接触不传播乙肝。
4. 有疑似病毒性肝炎症状的易感染人群，应主动到医疗机构检查。

5.病毒性肝炎患者应遵从医嘱,进行规范化治疗,切忌自行停药或轻信虚假广告。

6.防治病毒性肝炎是全社会的共同责任。

7.应努力消除对乙肝感染者的社会歧视。

8.病毒性肝炎感染者在享有权利的同时,也应该承担对他人和社会的义务。

第四章
大学生常见慢性病和伤害防控

第一节　常见慢性病防控

一、超重和肥胖

（一）肥胖定义和诊断方法

1. 基本定义

肥胖，是指一种体内能量代谢失衡而导致的全身脂肪积聚过多、从而危害健康的一种慢性代谢性疾病。肥胖者体内脂肪细胞数量较多、体积较大，出现一系列的脂代谢和糖代谢异常，极易引发高脂血症、动脉粥样硬化、高血压、代谢综合征等。

按照发生原因，可分为单纯性肥胖和继发性肥胖两类。大多数的肥胖属于单纯性肥胖，主要是在遗传和环境交互作用下，因能量摄入过多但身体活动量不足而造成。继发性肥胖则是由神经和内分泌类的原发性疾病引起，比如下丘脑和垂体的肿瘤或创伤等，人群中所占比例较少。

按全身脂肪组织分布部位不同，肥胖又可分为两类：一类为中心型肥胖（central obesity），脂肪较多堆积在内脏尤其是腹部;另一类是外周型肥胖(peripheral obesity),脂肪较匀称地分布于全身尤其是肢体。两者可利用腰围(waist circumference, WC)这一能灵敏反映腹部脂肪堆积程度的指标进行区分。大量研究证实,与外周型肥胖相比,中心型肥胖的代谢综合征多项危险因素的聚集程度更高、罹患心脑血管疾病的危险更大。

2. 肥胖诊断标准

BMI(Body Mass Index,身体质量指数)是国际上常用的衡量人体肥胖程度和是否健康的重要标准,主要用于统计分析。肥胖程度的判断不能采用体重的绝对值,它天然与身高有关,因此,BMI通过人体体重和身高两个数值获得相对客观的参数,并用这个参数所处范围衡量身体质量。

$$体质指数(BMI) = \frac{体重(kg)}{身高^2(m)}$$

BMI参数根据所测指标与危险因素和病死率的相关程度,并参照人群统计数据而给出建议,目前国内外尚未统一。2003年《中国成人超重和肥胖症预防控制指南(试用)》以BMI值≥24为超重,≥28为肥胖;男性腰围≥85 cm和女性腰围≥80 cm为腹型肥胖。2004年中华医学会糖尿病学分会建议将代谢综合征中肥胖的标准定为BMI≥25。应注意肥胖症并非单纯体重增加,若体重增加是因为肌肉发达,则不应认为肥胖;反之,某些个体虽然体重在正常范围,但存在高胰岛素血症和胰岛素抵抗,有易患2型糖尿病、血脂异常和冠心病的倾向,则应全面衡量。用CT或MRI扫描腹部第4～5腰椎间水平面计算内脏脂肪面积时，以腹内脂肪面积≥100 cm²作为判断腹内脂肪增多的切点。

（二）肥胖的健康危害

1. 体质健康受损

由于体重增加，大量脂肪沉积，增加了机体负担和耗氧量。肥胖者往往由于身体笨重、行动迟缓，活动能力较差，多项生理功能和运动素质水平全面下降，体质测试难以达标。不少肥胖者还常伴有平足、膝内弯、下肢弯曲、脊柱和椎间软骨损害等。

2. 造成多种慢性病

虽然不能说肥胖是引起糖尿病的直接原因，但它对糖尿病的诱发作用却是不可忽视的。许多资料证实，肥胖程度越重，糖尿病发病率越高。目前在一些经济发达国家中，肥胖引发的疾病最多的就是糖尿病。成年型糖尿病患者中，约有三分之一的人属于肥胖体型。几乎所有的肥胖者，空腹血糖都不同程度地有所升高。此外、肥胖者，特别是腹型肥胖者比普通人更容易表现为高胆固醇血症、高甘油三酯血症、低密度脂蛋白和极低密度脂蛋白异常升高，而高密度脂蛋白反而降低。肥胖者容易患高脂血症的原因目前还不十分清楚，可能的原因有如下几点：一是进食脂肪多，二是体内脂肪储存多，三是高胰岛素血症可增高血脂，四是血脂的清除有问题。

3. 易引起运动系统疾患

肥胖者过度增加的体重，对骨骼和关节等运动系统、特别是对脊椎和下肢是一种额外的负担。骨骼、关节等组织长期支撑过重的体重,犹如每天扛着多余的负荷,久而久之,必然积劳成疾,发生关节炎、肌肉劳损或脊神经根压迫,引起腰腿肩背酸痛,甚至造成关节变形,严重影响肢体活动。

4. 阻碍营养吸收

肥胖实质上是一种营养障碍。长期以来,有些人总以为只要长得腰圆体胖,就意味着营养良好;其实,肥胖并不等于营养良好,它与消瘦一样,都是营养障碍所致,二者所不同的仅是体内脂肪贮藏的多少。肥胖不仅是体内脂肪过剩,同时也存在着某些营养成分的缺乏,如许多肥胖的儿童,常常伴有体内铁、钙等微量元素的不足,引起缺铁性贫血、软骨病等多种营养缺乏性疾患。

(三) 防控干预方法

截至目前,国内外的大量研究都支持以运动锻炼、饮食调节、行为和心理纠正等多方面进行综合干预,并取得了一定的效果。但是,各种干预手段都有自身的特点,在综合治疗中所占的比重并不相同,运用时要考虑多方面的因素。

1. 运动干预

肥胖的根本原因是能量的摄入大于能量的消耗。能量的消耗主要包括人体的基础代谢、身体活动中的能量消耗、进食过程中的能量消耗,其中身体活动所占的比重最大。另外,体育活动也可以提高人体的基础代谢率。因此,通过加大和加强身体活动无疑是防控肥胖的有效手段。

(1) 体育生活化

生活化就是指社会行为的形成并融入个人或家庭生活的过程,成为生活中不可或缺的日常行为。体育生活化就是指人们为了获得健康,使体育活动行为渗透到个人的生活方式。人们要通过体育活动获得有效的健身效果、丰富业余生活、促进人际交往、增进友谊、加强交流沟通、愉悦身心,就必须使体育活动成为一种长期的经常性的生活行为。

(2) 减肥运动处方

① 运动方式:最好有全身肌肉参加、消耗能量大的中低强度运动,时间超过30～45分钟的有氧运动,比如慢跑、行走、自行车、球类运动、游泳、登山、跳绳等,这样能更好地动用身体脂肪,达到消减脂肪的目的。同时,配合躯干和四肢大肌群的力量性练习,可以利用自身体重进行仰卧起坐、下蹲起立及俯卧撑运动,也可以利用器具如哑铃或拉力器等运动;这些力量练习能更好地降低体脂、改善体型、增强肌力,并改善胰岛素抵抗现象。需要注意的是,选择运动方式时要充分考虑自己的兴趣和爱好,避免枯燥的运动形式导致难以长期坚持下去。另外,选择运动方式还要考虑身体素质的综合发展情况。

② 运动强度:掌握好运动强度是减肥的关键。运动强度过大,不利于健康,也难以坚持;运动强度太小,能量消耗少,达不到减肥的目的,同时还会增加食欲。

③ 运动时间:每次运动时间只有达到30分钟以上,有氧氧化系统才可能动用脂肪来参加运动的供能。肥胖者应该每天进

行60～90分钟的中等强度运动，或者稍少时间的大强度运动；超重者应该每天进行45～60分钟的中等强度运动。确定每次运动的持续时间时，应充分考虑运动的强度，当运动强度大时，运动持续时间应稍短一些；而当运动强度小时，运动持续时间应稍长一些，以保证足够的运动量。

④ 运动频率：运动的频率应该在3～5天/周，每周最低不能少于2次，这样才能保证前一次的减肥成效在下次的运动中能够保持，并且也有利于运动习惯的养成。

2. 饮食调节

饮食调节主要是从饮食的摄入量、摄入方式、饮食结构等方面来进行的。大学生仍处于生长发育期，在控制体重的过程中必须保证足够的能量和营养素以维持自身的成长。

3. 行为和心理干预

肥胖是一种以过度营养、运动不足、行为偏差为特征的慢性疾病，不良的生活方式是妨碍肥胖干预方案实施和维持减肥效果的主要障碍。肥胖者要将良好的运动锻炼和饮食习惯作为日常生活的重要内容，使之成为自己行为方式的一部分，这样才能避免肥胖的反弹。

另外，肥胖本身是不会造成心理问题的，但是同伴的行为、情绪会导致肥胖者产生焦虑、自卑等心理和行为问题。这些负面的心理和情绪，一方面对肥胖者造成了较为严重的心理伤害，另一方面也容易导致肥胖者不配合治疗，不利于肥胖的控制，使干预难以取得效果。所以，进行必要的心理疏导也是干预肥胖的重要措施之一。

综上所述，在预防和控制大学生肥胖的各种措施中，运动干预由于具有安全性、有效性、可调性、主动性、趣味性较高等特点，宜作为主要手段使用。同时，运动干预可与饮食调节、行为和心理干预手段并用，以提升效果。对大学生进行单纯性肥胖症干预的主要目的，是在保证大学生正常生长发育的前提下，增强其体能，提高其运动能力，稳定匀速改善肥胖者的体成分；在控制体重的过程中掌握正确的运动方法，逐渐养成科学、健康的生活方式。对肥胖的干预应充分考虑各方面的因素，调动个体、家庭、学校和社区共同参与，同时充分利用各种资源，形成全方位、立体化的综合干预模式，降低大学生人群的肥胖率。

二、高血压

（一）高血压定义和病因

1. 定义

高血压（hypertension）是指以体循环动脉血压（收缩压和/或舒张压）增高为主要特征（收缩压≥140毫米汞柱，舒张压≥90毫米汞柱），可伴有心、脑、肾等器官的功能或器质性损害的临床综合征。高血压是最常见的慢性病，也是心脑血管病最主要的危险因素。正常人的血压随内外环境变化在一定范围内波动。在整体人群，血压水平随年龄逐渐升高，以收缩压更为明显，但50岁后舒张压呈现下降趋势，脉压也随之加大。近年来，人们对心血管疾病多重危险因素的作用以及心、脑、肾靶器官保护的认识不断深入,高血压的诊断标准也在不断调整,目前认为同一血压水平的患者发生心血管病的危险不同,因此有了血压分层的概念,即发生心血管病危险度不同的患者,适宜血压水平应有不同。血压值和危险因素评估是诊断和制订高血压治疗方案的主要依据,不同患者高血压管理的目标不同,医生面对患者时可在参考标准的基础上,根据其具体情况判断最合适的血压范围,采用针对性的治疗措施。

2. 病因

(1)遗传因素:大约60%的高血压患者有家族史。目前认为是多基因遗传所致,30%~50%的高血压患者有遗传背景。

(2)精神和环境因素:长期的精神紧张、激动、焦虑,受噪声或不良视觉刺激等因素也会引起高血压的发生。

(3)年龄因素:发病率有随着年龄增长而增高的趋势,40岁以上者发病率高。但近年来随着社会心理环境和生活方式的改变,高血压发病年龄前移已是普遍关注的健康问题,且年轻患者易被忽视。

(4)生活习惯因素:膳食结构不合理,如过多的钠盐、低钾饮食、大量饮酒、摄入过多的饱和脂肪酸均可使血压升高。吸烟可加速动脉粥样硬化的过程,为高血压的危险因素。

(5)药物的影响:避孕药、激素、消炎止痛药等均可影响血压。

(6)其他疾病的影响:肥胖、糖尿病、睡眠呼吸暂停低通气综合征、甲状腺疾病、肾动脉狭窄、肾脏实质损害、肾上腺占位性病变、嗜铬细胞瘤以及其他神经内分泌肿瘤等亦可影响血压。

(二) 分类和诊断

1. 分类

临床上高血压可分为两类:

(1) 原发性高血压:是一种以血压升高为主要临床表现而病因尚未明确的独立疾病,占所有高血压患者的90%以上。

(2) 继发性高血压:又称为症状性高血压,其病因明确,高血压仅是该种疾病的临床表现之一,血压可暂时性或持久性升高。

2. 症状

高血压的症状因人而异。早期可能无症状或症状不明显,常见的是头晕、头痛、颈项板紧、疲劳、心悸等,仅仅会在劳累、精神紧张、情绪波动后发生血压升高,并在休息后恢复正常。随着病程延长,血压明显地持续升高,逐渐会出现各种症状,此时被称为缓进型高血压病。缓进型高血压病常见的临床症状有头痛、头晕、注意力不集中、记忆力减退、肢体麻木、夜尿增多、心悸、胸闷、乏力等。高血压的症状与血压水平有一定关联,多数症状在紧张或劳累后可加重,清晨活动后血压可迅速升高,出现清晨高血压,导致心脑血管事件多发生在清晨。

当血压突然升高到一定程度时甚至会出现剧烈头痛、呕吐、心悸、眩晕等症状,严重时会发生神志不清、抽搐,这就属于急进型高血压或高血压危重症,多会在短期内发生严重的心、脑、肾等器官的损害和病变,如中风、心梗、肾衰等,症状与血压升高的水平并无一致的关系。

继发性高血压的临床表现主要是有关原发病的症状和体征,高血压仅是其症状之一,这里不做介绍。

3. 诊断

根据患者的病史、体格检查和实验室检查结果,可确诊高血压。诊断内容应包括:确定血压水平及高血压分级;无合并其他心血管疾病危险因素;判断高血压的原因,明确有无继发性高血压;评估心、脑、肾等靶器官情况;判断患者出现心血管事件的危险程度。

目前国内高血压的诊断采用2005年《中国高血压防治指南》建议的标准,见表4-1、表4-2:

表4-1 高血压分级(成人)

分 类	SBP(mmHg)		DBP(mmHg)
正常血压	<120	和	<80
正常高值	120~139	和(或)	80~89
高血压	≥140	和(或)	≥90
1级高血压(轻度)	140~159	和(或)	90~99
2级高血压(中度)	160~179	和(或)	100~109
3级高血压(重度)	≥180	和(或)	≥110
单纯收缩期高血压	≥140	和	<90

注:当SBP与DBP分属不同级别时,以较高的分级为准;
单纯收缩期高血压,以收缩压水平来分级。

表4-2 高血压患者心血管风险水平分层

其他心血管危险因素和疾病史	血压（mmHg）			
	SBP 130～139和（或）DBP 85～89	SBP 140～159和（或）DBP 90～99	SBP 160～179和（或）DBP 100～109	SBP≥180和（或）DBP≥110
无		低危	中危	高危
1～2个其他危险因素	低危	中危	中/高危	很高危
≥3个其他危险因素，靶器官损害，或CKD≥3期，无并发症的糖尿病	中/高危	高危	高危	很高危
临床并发症，或CKD≥4期，有并发症的糖尿病	高/很高危	很高危	很高危	很高危

注：CKD：慢性肾脏疾病；
低危、中危、高危、很高危：随后10年患者发生心血管事件的危险分别为＜15%、15%～20%、20%～30%、＞30%。

4. 预防

高血压是一种可防可控的疾病，一般采取群体预防和高危人群预防两大策略。

群体预防又称一般性预防，主要针对普通人群，目标是宣传高血压预防知识，培养健康生活方式，内容包括：高血压预防健康教育；倡导合理膳食摄入，建立健康生活行为，戒除吸烟、酗酒等不健康行为；肥胖儿童应调整膳食结构，增加有氧运动，控制体重增长过快；健全学生体检制度，每学期测量一次血压。

高危人群预防又称特殊预防，就大学生而言，主要针对以下三类对象：

（1）原发性高血压学生，包括血压持续超过筛选标准并排除继发性原因者：除非有明显的自觉症状，原则上不考虑使用药物来控制血压，着重采取行为治疗法。

行为治疗法：① 坚持体力活动和体育锻炼，强度适度而不过于激烈。运动有助于降低学生尤其是超重肥胖者BMI并改善其血管功能。② 控制饮食，推荐采取DASH饮食（dietary approaches to stopping hypertension），即增加水果和蔬菜摄入量，减少总脂肪量和饱和脂肪酸的摄入及限制糖类饮食；增加钾和钙的摄入，并限制钠盐低于每日1 200毫克。③ 合理安排生活作息，保证充足睡眠，保持心情愉快，此外还应克服久坐等不良生活习惯；有明显自觉症状者，除行为疗法外还可考虑予以利尿剂和血管扩张剂等药物进行治疗。

（2）高血压倾向学生，血压没有超过筛检标准，但处于同性别年龄的高位，伴高钠盐摄入和肥胖等高血压危险因素者：应定期复查血压，开展行为教育。

（3）高血压易患学生：因目前采用高血压易感基因遗传标志等进行易感者筛检的方法尚不成熟，故主要依据家族史确定。多数学者认为对高血压家族史，尤其是双亲都是患者的学生，应该从小（最好是3岁起）每半年测量一次血压（血压监测）。对这些易患学生，采取控制钠盐摄入、控制体重、培养健康生活方式等措施尤为迫切。

第二节 伤害防控

伤害是由各种物理性、化学性、生物性事件和心理行为因素等导致个体发生暂时性或永久性损伤、残疾或死亡的总称。伤害可严重威胁儿童青少年的健康与生命,是一个重要的公共卫生问题。通常青少年是健康问题最少、死亡率最低的人群,但伤害以其发生率高、易致残疾和身心痛苦而成为目前影响青少年生命和健康的首要因素。无论是发展中国家还是发达国家,伤害都是前5位的死亡原因,而伤害的潜在寿命损失年数居各种死亡原因之首。根据"冰山模式"理论,青少年的伤害死亡仅为冰山顶部的一小部分,而在冰山底部却是大量因伤害事故而需要医学关注的受伤人群。据WHO估计,伤害与每一例死亡相对应的是数十人次住院治疗、上百人次急诊和上千例门诊求治,受伤后的幸存者中有很大部分留下临时或永久性的残疾,可见伤害是青少年健康和成长的头号杀手。

一、道路交通伤害

(一)概述

道路交通伤害是指道路上至少一辆行驶中的车辆发生碰撞所造成的致命或非致命伤害。道路交通伤害是伴随着交通机动化而出现的一个卫生问题,儿童、行人、骑自行车者和老年人属于道路使用者中最易受伤害群体。

道路交通伤害最易导致死亡,但死亡并不是道路交通伤害的唯一结局;因道路交通伤害而导致伤残的人数远大于死亡人数。道路交通伤害易造成颅脑损伤、骨折、内脏损伤、外伤及复合伤等各种损伤,这些伤害都需要医疗照顾,从而使因伤住院率、因病缺课率大幅度上升,对学生的身心和家庭经济均带来沉重负担,也给社会带来巨大损失。

(二)影响因素

正常情况下,人、车、道路三者相互配合,形成一个动态平衡,但当平衡被打破时,就会发生道路交通伤害。通常除了车子、道路等固有因素外,人为的错误是引发道路交通伤害的主要因素,其中尤以驾驶员因素为主,约占64%;而骑车者责任、行人过失也占一定的比例,约为12%和11%。

1. 驾驶员因素

驾驶员技术业务素质差,如缺乏应急训练和应变能力,驾驶技术生疏或经验不足;心理素质差,如浮躁、责任心不强、自控能力差;处事行为不当,如思想不集中,不注意观察路面、行人和交通标志,酒后驾驶、疲劳驾驶及其他违反交通规则的行为。

2. 行人、骑车及乘客等因素

行人行走时不遵守交通规则,如过马路不走人行横道线、闯红灯或在公路上玩耍嬉闹等;骑车者骑车时违反交通规则,如逆向骑车、争道抢行、骑车带人、闯红灯、互相追逐、嬉闹等;乘客在司机开车时与其交谈,使驾驶员的注意力分散,降低了应变能力。

3. 道路、车辆、气候、时间等因素

事故好发地段、路况差;车辆性能差、年久失修;雨雪天路滑、雾天能见度低;夜晚时分、高峰时段驾驶等。以上因素都大大增加了道路交通伤害发生的可能性。

4. 社会生态环境

交通管理不严,安全行驶制度松懈,个人、家庭或学习生活环境等均可影响交通心理,这些因素也是导致道路交通伤害发生的诱因。

(三) 特征

据《世界预防道路交通伤害报告》,15～44岁年龄组的道路使用者占全球道路交通死亡的一半以上,男性占全球道路交通死亡的73%;在发达国家,60%以上道路交通死亡的是机动车司机,而在发展中国家,行人、乘客和骑自行车者是道路交通死亡或失能的主要受害者。在美国,道路交通伤害主要受害者是25岁以下的青少年,15～24岁因伤害死亡者中,75%是由于道路交通伤害所致;在我国,青少年道路交通伤害十分严重,是15～24岁和25～34岁年龄组的第二位死亡原因,也是大学生主要致伤原因之一,男性高于女性。

(四) 防控措施

大学生道路交通伤害的防控是一个系统工程,需要政策的支持和工程干预,需要政府、交通管理、环境、学校等多部门合作和学生个体的积极参与。

1. 加强立法执法

在机动化程度显著提高但交通设施发展相对缓慢、不能与迅速发展的车辆相适应的情况下,必须通过立法来加强交通管理,包括为维护道路交通秩序、保障交通通畅与安全而制定法律、法规和技术标准。加强立法、强化执法和自觉守法是道路交通伤害预防与控制最有效的手段之一,政府须加强交通综合治理,加大交通违规惩罚力度,完善交通设施,改善道路状况,营造一个遵纪守法的社会环境和舆论氛围。

2. 学校政策支持

学校建立伤害预防和控制责任制,建立校园道路安全管理与教育制度,制订校园突发事件应急预案,开展学生道路交通伤害监测和报告。

3. 优化校园及周边道路交通环境

开展学校及周边交通环境评估,与政府、交通、环境等多部门协调合作,改善学校及周边交通环境,如人行横道线位置优化、车辆限速、交通标志可视性优化、小摊贩整治等。

4. 加强交通安全教育和技能培训

加强全社会交通法规教育,特别是交通行为教育,邀请交通、医疗机构专业人员开展相关道路交通安全的专题教育和培训,提高学生主动规避免道路交通事故的能力;开展应急技能如外伤急救等培训。

5. 改变不良行为

通过教育和强制性约束,逐步改变不良行为与习惯,从而达到改善交通安全状况的目的。出行严格遵守交通规则,如不闯红灯、步行时走人行道、过马路时走人行横道线、不骑车带人、坐汽车副驾驶座时系安全带、骑乘摩托车戴头盔等。

6.骑车佩戴头盔

头盔可以有效防护头部免受损伤、降低因车祸导致的颅脑损伤或死亡。在我国虽然还没有骑乘自行车/电瓶车佩戴头盔的规定,但是从1988年颁布的《中华人民共和国道路交通管理条例》规定骑乘摩托车必须戴头盔以来,伤亡人数明显下降,国外也有佩戴头盔后降低了道路交通伤害发生率的成功案例,因此为了保护自己避免头部受伤,骑车时应正确佩戴合格的头盔。

二、校园暴力

(一) 概述

暴力是指蓄意滥用权力或躯体力量,对自身、他人、群体或社会进行威胁或伤害,导致身心损伤、死亡、发育障碍或权力剥夺的一类行为。校园暴力指发生于校园内、上下学途中、学校组织的活动中,以及其他所有与校园环境相关的暴力行为,包括学生间的暴力、教师体罚学生或学生对教师施暴以及校外人员对校内师生施暴等行为。

(二) 影响因素

暴力的危险因素取决于暴力发生时青少年所处的成长环境和社会环境。一些危险因素在童年期起作用,绝大部分危险因素发生在青春期,并且也不是单一危险因素起作用,而是多种危险因素的聚集协同作用;暴露的危险因素越多,具有暴力倾向的危险性也越大。

1. **个体因素**:青少年生理或发育有缺陷、有学习障碍、有多动症等行为问题、早年的侵犯行为历史、儿童期的破坏性行为、男性对暴力的支持态度等。

2. **家庭因素**:家庭对子女的期望值过高、家庭经济状况差、父母有情绪行为问题或有家庭暴力、父母吸烟酗酒,家庭环境差如家庭冲突、家庭破裂、单亲家庭,对父母缺乏情感依赖等。

3. **校园因素**:学校管理不力、应对欠缺,学生对校园管理依从性低、学业失败等。

4. **社会因素**:社会对暴力的认知缺陷与宽容、与社会上问题少年的来往、暴露于社区环境下的暴力等。

5. **媒体因素**:影视、报刊、网络等传媒对暴力内容和手段的大肆渲染、网络的隐蔽性等。

(三) 特征

每年死于他杀的儿童青少年,约占5~19岁人群总数的1%,其中直接死于校园暴力的比例在持续上升;除躯体暴力外,越来越多的国家将言语暴力、性暴力、情感忽视、网络暴力等也纳入校园暴力范畴。各类施暴者男性多于女性,男女躯体暴力发生率之比为4:1;女生是性暴力的主要受害者;暴力致命伤42%发生在学校建筑内,31%发生在校园中,10%发生于上下学途中,15%发生于校外。校园暴力结局符合"冰山"规律,死亡、伤残、受伤之比为1∶25∶1 020,可见校园暴力的受害者范围相当广。

校园暴力和人类许多行为不同,它并不伴随社会文明程度的提高而减少,反而表现为严重化,如美国近年来频发校园枪击事件。我国发生的校园暴力事件大部分程度较轻,但其危害不容忽视。我国每年受害于躯体暴力事件的中学生为35%左右(多数为打架),属世界中等水平。每年非正常死亡的学生总数约1.6万人,其中死于躯体暴力事件的比例有逐步上升趋势。15~24岁青少年犯罪占全国刑事犯罪总数的55%,犯罪者中有相当部分是在校学生。言语暴力、情感虐待等现象常被忽视,但由此导致的学生不安全感比较普遍。

(四)防控措施

1. 开展青少年健康危险行为调查,全面了解群体健康危险行为(包括暴力倾向)的发生状况。

2. 分析家庭、学校、社会等环境危险因素及其相互作用。

3. 针对上述危险因素制定预防措施,建立学校—家庭—社区三联屏障。

(1)校园暴力的初级预防。包括以下几个方面:

家庭:营造温馨的家庭环境,加强父母与子女的交流和沟通,提升家长素质;结合是非、品德、纪律教育,让子女在生活中逐步养成宽容、理解的品质,正确处理与他人的矛盾和纠纷;消除家庭暴力阴影和"家庭战争",减少负面刺激。

学校:加强师德教育,做到教书育人、服务育人;加强校园安全管理,保护学生权益,通过心理健康教育和辅导,排解学生自卑、孤独、嫉妒、偏激等心理情绪问题,同时给所有学生提供受关注、被接纳的机会。

社区:推广积极向上的社区活动,减少暴力隐患;加强枪支弹药、酒精、违禁药物以及校园周边歌舞厅、网吧、迪吧等青少年易聚集商业场所的管理;坚决抵制渲染暴力、色情的影视作品对学生的毒害。

(2)将预防暴力纳入青少年健康危险行为干预体系。暴力行为和其他青少年健康危险行为间存在密切联系,如酗酒、逃学、打架、携带武器或打斗用具、人际关系差、低自尊、焦虑情绪等,都和校园暴力行为存在高度关联。许多危险行为突出表现在个体的多发性、群体的聚集性等方面。开展以健康促进学校为平台、以生活技能教育为主要途径的学校健康教育,使学生掌握运用法律武器保护自身权利的能力,既不以暴制暴,也不胆怯屈服,对施暴者加大打击力度。

(3)及时发现和消除隐患。及时发现青少年可能出现校园暴力的早期信号,通过耐心疏导提供干预,以有效化解危机。

(4)及时启动应急机制。一旦暴力事件发生,立即行动,力争将伤害损伤降低到最低限度。如确保学生远离危险场景,从公安部门获取支援,落实危机干预责任,对受伤害学生实施急救和治疗;正确处理孩子对所受暴力的反应,接受精神卫生咨询,指导受害者寻求司法等后续帮助;提供有针对性的护理、康复服务,减轻损失和伤残程度;以积极的态度接纳改造后的施暴者(包括来自少年劳教机构)回校,实现社会回归。

三、自杀

(一) 概述

自杀是个体在意识清醒状态下自愿以伤害方式自我实施让自己死亡的行为,包括自杀意念(有结束生命想法但未付诸行动)、自杀未遂和自伤死亡。自伤有广义和狭义之分,广义的自伤指自杀、企图自杀及以任何方式伤害自己身心健康的行为;狭义的自伤专指自我惩罚和毁灭行为。自杀和自伤均属于故意伤害,不仅是严重的公共安全问题,更是现代型的全球悲剧,是多数国家的严重社会问题,需要得到重点关注。

(二) 影响因素

1. 抑郁症

抑郁症是自杀最主要的危险因素,抑郁症患者的自杀率比一般人群高6倍。通常抑郁症的患者不能像正常人那样思考,疾病使他们陷于难以忍受的痛苦中,而且往往从消极的角度来思考问题,常常感到无助,对生活和生命都失去动力,感到死亡是解决痛苦的唯一方式。

2. 遗传因素

自杀具有遗传易患性,研究发现6%~8%的自杀未遂者有家族史;一级亲属的自杀危险性是一般人群的10~15倍;同卵双生子的自杀行为一致率远高于异卵双生子。

3. 个人因素

青少年正处于身心发育变化剧烈时期,心理发育尚未完成熟，又面临考试、升学、就业、交友、恋爱等各种人生选择，各种身心矛盾和心理欲求，使其经常体验到失望、痛苦、悲伤、愤怒等负性情绪和挫败感、不满足感，而又缺乏应对的能力和技巧，容易出现心理危机；另外一些高度神经过敏和冲动等人格特征、人格障碍和应对技巧不足等个性特征的人容易发生自杀行为。

4.环境因素

家庭因素：家长的教育态度、方法失当，过分溺爱或严苛，家庭暴力，复杂的家庭环境、家庭矛盾，不良的亲子关系等使青少年处于焦虑不安状态，容易刺激其产生轻率结束生命的念头或行为。经历过父母或家庭亲密成员自杀、自伤惨剧的青少年，自杀危险率比同龄者高9倍。

学校因素：来自学校学习生活的压力使青少年因焦虑、紧张而身心疲惫，当其不堪重负时可能会以死来逃避压力。学校的压力包括学生与老师的关系、同学之间的关系，另外还包括学业成绩与考试、来自学校的批评惩戒等。

某些负性生活事件尤其是发生在学校的负性生活事件的"扣扳机"作用更直接，如经常受同学或同伴取笑、排挤而得不到接纳和认同，学业挫败、老师的漠视、责罚，都易导致青少年以自杀方式来寻求解脱。

媒体因素：自杀有传染性和暗示性。影视作品及来自媒体的以反复、持续、激情方式(如震撼性图片)播报自杀新闻，特别是一些青少年特别崇拜的名人、明星自杀的新闻，对自杀过程绘声绘色的报道等，对青少年因模仿而发生自杀的影响很大。

（三）自伤的高危因素

自杀者都有相似的性格特征，一些个体因素在青少年自伤行为上起着重要作用。

年龄：14岁以下儿童发生率很低，青春中期开始快速增长，青春后期和青年早期出现高峰。

性别：一些高致命性自伤行为如跳楼等男性要高于女性，低致命性自伤行为如皮肤肌肉组织的损伤女性高于男性；但近年来随着女性自伤行为强度的增加趋势，性别间差异趋于缩小。

应对技能：对易感者而言，一些负性事件是自伤的导火索，但是否实施与应对技能有关。

心理特征：矛盾情绪、内向、孤僻、偏执、易怒、自暴自弃、情绪宣泄能力差等。

情绪障碍：各种情绪障碍如抑郁症、焦虑症、人格障碍、创伤后应急障碍等。

此外学业失败、家庭收入和社会地位低、不良的家庭生活环境、童年期创伤性经历、不良的人际关系等均与青少年自伤行为有密切关系。

（四）特征

自杀是全球十大死亡原因之一，是15～34岁年龄组的第三位死因。我国自杀率有随年龄上升趋势，在15～24岁达到第一高峰，随后下降，到55岁以后又直线上升。自杀是日本15～19

岁第三位、20～24岁第二位、25～29岁第一位死因。20世纪90年代初我国青少年自杀发生率不到日本同龄人的1/2,但近年来尤其是城市青少年自杀率显著上升,且呈低龄化趋势。在我国,女性青少年自杀死亡率比全球平均水平高两倍,为世界之冠;城乡之比为1:3,特别是农村女性青少年的自杀率是城市的5倍,城市女性青少年(13～34岁)自杀死亡占伤害死亡总数的3成,而农村女性青少年占6成多。据统计我国每年自杀人数可达40万～60万,其中青少年(15～24岁)占1/4,为青少年的第三位死因。自杀行为是我国青少年健康危险行为的一类重要表现,据报道有6%～13%的青少年曾尝试过自杀,15%的大学生有过自杀意念。

(五)防控措施

对于青少年自杀,应建立以学校、社区和专业团队相结合的三级网络防控体系。

1. 学校教育

以学校为基地,给学生提供一个有利于人格健康发展的学习生活环境;面向全体学生,开展以提高身心健康水平为目标的心理健康教育,并配合以生命教育、压力—情绪管理指导等。

1)减轻学业负担,丰富学生学习生活,根据学生性别、年龄及个性特点,为学生创造能自由发挥自己身心潜能的空间。

2)加强学校教职员工心理教育和师德教育及管理,消除一切可能诱发、增强或扩大学生自杀倾向的环境因素。

3)学校应将心理健康教育作为学生的必修课,树立珍爱青春、珍爱生命的基本价值观,培训学生应对各种压力事件的能力,教给学生自我情绪调节的方法,指导学生建立良好的人际关系。

4)开展生命教育。生命教育具有三大内涵:一是生命教育是促进学生建立健康人生观、提高生命修养、深化价值观的重要途径;二是生命教育是以生和死为主要议题,是生命过程的一体两面;三是珍惜生命,必须首先肯定自己存在的价值,即认识自己、欣赏自己、发挥自己的生命光辉,避免残害自己。

2. 及早发现"求救警讯"

无论是家长、老师还是学生,都不要忽略子女、学生或伙伴的那些看似开玩笑的话。自杀企图者常会不自觉地发出一些语言、动作或其他形式的求救警讯,只要多加留心,及时给予关注和支持,就可能挽救一个生命。如果发现有自杀的苗头要及早介入,通常有5个方面:语言上有"活着真没意思""死了算了"等话语或突然沉默等;行为上习惯有大的改变,如突然不回家、旷课、不与人来往、处置生活学习物品等;环境上如家庭出现重大变故、失恋、考试失败等;心理情绪异常;出现无助、低自尊等抑郁症表现等。

3. 早期诊断

早期筛查有心理行为问题的高危青少年人群,重点是青春期抑郁症患者,建立相应人群健康档案,进行早期干预。

4. 危机处理

由精神科医生指导,在社区、学校配合下,针对不同类别自我伤害者进行危机处理。如对已制订自杀计划者,决定是否住院治疗,避免独居或接触自杀途径,订立不自杀契约;设置24小时求助专线,鼓励有自杀意念者或计划者求助;对自杀未遂者追踪半年以上,定期评估自杀风险,开展短、中、长期心理治疗,预防再自杀。

5. 心理干预

开设生命热线电话和预防自杀心理疏通渠道,对有自杀倾向者开展心理咨询,可以控制和转移其自杀的暴发性和冲动性情绪。

对自我伤害者开展心理干预,首先是提早干预、治疗彻底与预防复发相结合。其次是根据轻重缓急分阶段开展干预:第一阶段减少威胁生命、干扰治疗和干扰生活质量的行为,增加行为的适应性;第二阶段改善患者因经历心理创伤打击而对生活感到极度失望的心理状态,鼓励患者战胜该状态,并克服由此产生的不适行为;第三阶段解决目前生活中的具体问题,提高患者的自尊和自信;第四阶段克服自我不完整感,发展寻找快乐生活的能力。

需要注意的是因受助和阻止而避免自杀的青少年,极有可能再次尝试自杀,对他们的帮助应持续进行。

四、运动伤害

(一) 概述

运动是大学生活不可缺少的组成部分,大学生在运动中发生伤害的频率较高,一旦发生对学生的身心和学业带来极大的负担,甚至危及生命。运动伤害主要指在体育运动中发生的各种软组织、骨关节的急慢性损伤,常见的有骨关节损伤、软组织损伤、下腰部损伤、外伤性炎症等。学生在体育运动中发生跌伤和碰撞非常普遍,有近4成的学生伤害是在体育活动中发生的,占各类伤害活动之首。

(二)影响因素

1. 运动前没有准备或准备不当

运动前没有进行充分的热身运动;衣着过于宽松或穿凉鞋、皮鞋;没有穿戴保护用具如护腕、护膝等。

2. 个人身体素质和心理素质的影响

经常参加体育活动的学生,身体耐力、协调意识、身体的防卫能力和适应能力较强,不易损伤或损伤较轻,而以下情况均容易发生运动损伤:

1)身体素质差、技术动作不熟练及一些平时不爱活动的学生在学习新动作或竞赛过程中心理紧张,忽略了循序渐进、量力而行的原则,或在突然进行强度较高或对抗性较强的体育运动时,由于身体准备不足而发生运动损伤。

2)争强好胜、盲目冲动。大学生由于其年龄特点,爱争强好胜,自尊心也强,容易在体育活动中盲目冲动、不顾危险,做出一些超出自己能力水平的动作。

3)缺乏对易损伤部位的保护与训练、运动强度超过身体素质能力或长时间大运动量运动,导致身体产生疲劳,应变能力及注意力下降。

3. 学校环境因素的影响

运动场地过滑、高低不平；器械的稳定性及结构的牢固程度差，没有定期维护保养；高温烈日下长时间大运动量的锻炼造成虚脱等。

4. 组织管理

大学生体育活动以课外活动为多，往往没有严密的组织安排和医务监督，运动时缺乏专人指导和保护，运动技巧动作不熟练或不规范，甚至违反运动规则等。

（三）特征

美国每年大约有290万青少年因运动伤害而接受治疗；加拿大每年超过1/3的青少年因运动伤害而寻求治疗；我国40%的大学生伤害是在学校发生，尤其是男生明显高于女生，男生中36%以上的伤害是在体育场馆中发生。学生运动伤害以课外活动时发生最为多见，田径、球类等运动项目伤害比例最高，受伤类型以肌肉损伤、皮肤损伤、韧带损伤多见，受伤部位以踝关节和手部为主，受伤原因主要是准备活动不充分、动作不规范、注意力不集中及场地器材不合格等。

（四）防控措施

1. 合理安排体育锻炼及训练项目

应根据自己的年龄、性别等特点合理进行适合的运动项目。学生参加比赛或游戏时，须遵守规则，不要故意推挤或冲撞，避免互伤，坚决杜绝故意伤人的行为。对于技术复杂、难度大的运动项目或器械项目,要在有专人保护的前提下进行,避免运动伤的发生。

2. 场地维护和器械检查

运动场地应平整、软硬适中,无乱石、积水,尽量不要在凹凸不平的场地上运动,尤其是打篮球和踢足球。定期检修、维护运动器械,消除事故隐患。

3. 准备工作

充分的准备活动可以提高中枢神经的兴奋性,使全身关节和肌肉迅速地进入运动状态,从而避免运动损伤的发生或减轻损伤程度。运动前要根据运动项目、气候条件及自身的体质状况,在老师指导下有针对性地进行热身运动,时间约10~15分钟。如果感到十分紧张,可先深呼吸,放松心情后再参加运动,不要过于勉强。

衣着上宜穿宽松透气的运动服、防滑胶底鞋等,衣服上不要带有任何钩子、钥匙等物品。参加危险性较高的运动(如溜冰)时应戴上自我保护用具,如护膝、护腕、头盔等。

当身体不适或非常疲倦时,不适宜参加体育运动;当有旧伤未愈时,也不能参加频繁使用患处部位的运动,以免加重旧患或增加新伤。

4. 整理运动

运动后进行10~15分钟的整理活动。

此外,在运动过程中如果感到不适,应缓慢停下来休息,并及时报告老师或同伴。跌倒或滑倒时尽量避免头部或骨关节直接接触地面,最好能侧身滚躺下来。一旦发生运动损伤,要及时治疗，以免发展为慢性损伤。

第三节　大学生常见生殖健康问题

一、生殖健康教育

（一）生殖健康的概念

生殖健康是指生殖过程、生殖功能和生殖系统的健康，意味着能够享有负责的、满意的和安全的性生活，有生育能力并且有选择生育的自主性。

"生殖健康"这一概念是1988年世界卫生组织（WHO）人类生殖研究特别规划署率先提出的，1994年9月在第四届世界人口与发展会议上通过。

（二）生殖健康教育的主要内容

1. 无论是男性还是女性，都有权获得与生殖过程、生殖功能和生殖系统有关方面的科学知识及信息。

2. 生殖健康是持续终身的，大学生不仅要学会在他们所处的社会、文化、经济的广阔背景下看待性问题，而且每一个人所做的抉择对其现在及将来的健康都会有影响。

3. 提供科学、安全的避孕知识，使受教育者在需要的时候有能力做出是否使用避孕手段，以及用什么方法避孕才能防止意外怀孕并预防性病、艾滋病等疾病的传播感染。

(三) 大学生生殖健康教育的重要意义

1. 有助于大学生掌握生殖健康方面的科学知识，坦然面对青春期出现的各种性问题。
2. 有利于大学生社会化，促进其健康人格的形成。
3. 有助于提高我国的社会文明水平。

二、男女生殖器官的生理卫生

(一) 女性生理卫生

随着青春期的到来，丘脑—垂体—性腺轴的发育渐趋成熟，雌激素的水平增高。雌激素主要来自卵巢，以雌二醇的生物活性最强。雌激素促进女性内外生殖器及乳房的发育，促进月经初潮来临，同时也有促进体格生长、促进骨骺愈合的作用。

性征的发育分为第一性征和第二性征的发育。第一性征发育包括卵巢增大、子宫增大、输卵管变粗、阴道长度及宽度增加等；第二性征发育包括声调变高、乳房丰满而隆起、腋毛阴毛出现、骨盆更宽大、皮下脂肪增多等。

1. 女性泌尿生殖系统卫生

女性外阴由于特有的解剖结构，阴道口与尿道口的距离很近，白带、月经血的排出以及外阴皮脂腺的分泌物和黏附在外阴处的污垢，均适宜病原体的生长，因此如果不注意外阴部卫生，很容易引起外阴部的炎症，进一步引起尿路感染、生殖系统感染等疾病。

2. 经期卫生

（1）保持外阴部清洁，经期洗澡只能洗淋浴，而不能坐浴。

（2）卫生巾、卫生纸要及时更换。

（3）避免受凉，注意下身保暖，经期忌吃冷饮及凉冷食物。

（4）劳逸结合，适量活动，经期注意适当休息，保证充足的睡眠。

（5）保持心情舒畅，加强营养，不吃辛辣等刺激性食物。

（二）男性生理卫生

在青春期，直接促使男性性成熟的主要器官是睾丸。睾丸可分泌雄激素，其中以睾酮作用最强。睾酮促进蛋白质合成，使骨骼肌肉发育，肌肉力量增加。外生殖器在睾酮的作用下迅速发育，并产生遗精。男性首次遗精年龄平均为14～16岁，比女性月经初潮平均年龄约晚2年。初期的精液里可能没有成熟的精子。首次遗精发生后体格发育渐趋缓慢，而睾丸、附睾及阴茎却迅速发育，达到成人水平。

随着生殖器官发育，出现第二性征如毛发生长、变声及喉结突出等。阴毛最先出现，其次是腋毛，然后长出胡须。喉结的突出是男性特有的第二性征。

男性泌尿生殖系统卫生

（1）衣着宽松，不穿紧身裤、牛仔裤，因紧身裤、牛仔裤会使整个阴部透气不良、汗液不易散发而产生湿疹，还会使睾丸常被向上挤压，加上紧身裤里温度高，影响精子的生成。

（2）保持阴部清洁，需注意包皮垢的清洗，阴部其他部位依次洗净；内裤也要经常换洗，否则精液粘在内裤上，会给病菌造成良好的繁殖环境。

（3）注意性生活卫生，性生活前夫妻都应洗澡，或清洗一下外阴。

（4）内裤以棉织品布料为佳；不要用手搔挠阴部，尤其是有手癣、脚癣的人。

（5）养成良好的生活习惯，不抽烟、不喝酒、不吸毒。

三、大学生常见生殖健康问题

1. 痤疮

俗称"青春痘"，是青少年常见的一种毛囊皮脂腺慢性炎症性皮肤病，易反复发作，由多种因素造成。

（1）生理因素：内分泌激素一般可保持生理平衡，但青春期易混乱。

（2）营养因素：维持人体生理功能须有足够的、适当的营养，但须避免摄入过多脂肪和辛辣食物。

（3）情绪因素：心理波动是导致内分泌失调的原因之一。紧张状态和情绪改变反射到神经系统，会造成激素分泌的紊乱。

（4）环境因素：严重的环境污染。

如果发生痤疮，建议针对病因调整生活、妥善处理，必要时就医，切勿轻信网络上无资质的药物。

2. 月经不调和经前期综合征

造成原因包括：雌激素过多以及黄体酮相对不足；神经内

分泌功能出现失调,卵巢以及下后脑垂体功能出现了不稳定或者缺陷情况;缺乏必需脂肪酸、维生素B6、锌以及镁,这些是制造可以平衡激素水平的前列腺素的必需营养物质;心理因素,青春期学习压力过大。女生若出现月经不调或经前期综合征,建议妥善对症处理,必要时就医,切勿轻率滥用药物,尤其不要轻信和服用网络上无资质的药物。

3. 遗精

遗精是无性交活动时的射精,是青少年常见的正常生理现象,约有80%的未婚青年都有过这种现象。在睡眠做梦中发生遗精称为梦遗,在清醒状态下发生的遗精叫作滑精。遗精的频度差别很大,正常未婚男子,每月遗精可达2～8次,并无异常。

4. 自慰

各个年龄段的男女都可以有自慰行为,其原因不尽相同。到了青春期后,由于体内的生理变化,青少年因此产生性冲动和性欲,对性满怀憧憬、好奇和幻想。正常的性欲是人类成熟和繁衍后代的基本需求,是正常的生理现象。

四、生殖及避孕知识

(一) 受孕

精子和卵子结合叫受孕或受精。受孕过程为:性交时,男方将精液射入女方的阴道内,精子依靠尾部摆动向子宫游弋,然后再进入输卵管。男性每次射出的精液中含有数亿个精子,但绝大部分精子在阴道酸性环境中失去活力或死亡,只有极少数精子能够克服重重阻力到达输卵管。妇女在育龄期,卵巢每月排出一个成熟的卵子,卵子排出后被输卵管伞捕获而进入输卵管。卵子排出后如在输卵管中遇到精子,则卵子就被一群精子包围,其中只有一个精子能钻入卵子内使卵子受精。受精后的卵子为受精卵,受精卵在输卵管内一边发育一边逐渐向子宫腔移动,大约在受精后7~8天,可到达子宫腔植入到子宫内膜里,并不断地吸取营养,逐渐发育为成熟的胎儿。

(二) 避孕

常用的避孕手段有以下几种:

1. 避孕套

避孕套(condoms),又称安全套、保险套,它是以非药物形式阻止受孕的简单方式之一,亦有防止淋病、艾滋病等性病传播的作用。避孕套通常是用天然橡胶或聚亚安酯为原料制成,用以包裹阴茎、阴道或肛门的长条状薄膜,其一端封闭,通常含有突起形成的空间用以贮存射出的精液。作为避孕工具,避孕套与其他避孕方法相比,使用方便、没有副作用。

2. 避孕药

避孕药一般指女性用避孕药,多由雌激素和孕激素配伍而成,也有单方的孕激素及一些非甾体药物。避孕药能影响生殖过程的不同环节,从而达到抗生育的目的。

根据作用机制不同,避孕药可以分为以下几类:① 主要通过抑制排卵,并改变子宫颈黏液,使精子不易穿透,如雌激素和孕激素组成的复方制剂。② 主要通过改变子宫和输卵管的活动方式,阻碍受精卵的运送,如小剂量孕激素,外用杀精剂和绝育药也属于此类。③ 主要干扰孕卵着床的药物,如大剂量孕激素。④ 主要影响子宫和胎盘功能的药物,如抗孕激素、3β-羟甾脱氢酶抑制剂及前列腺素等。

此外根据给药途径的不同,避孕药可以分为口服避孕药、注射用避孕药、外用避孕药和皮下埋植避孕药;根据药物成分不同,可分为有雌激素联合孕激素避孕药,单孕激素避孕药;根据药物时效不同,可分为长效避孕药、短效避孕药以及紧急避孕药。

(1)长效避孕药

长效避孕药是用来抑制排卵、起抗着床作用的药物。它的优点在于高效、长效、可逆,不须每日服药,一月口服1~2次就可以了,易于使用和发放,不影响性生活。但是它也存在缺点,由于药效强劲且药量大,有的妇女服用长效避孕药后,月经量会增加,经期会延长,还可能引起闭经。

(2)紧急避孕药

紧急避孕药是指在无防护性生活或避孕失败后的一段时间内,为了防止妊娠而采用的避孕药物。女性在遭受意外伤害或因其他原因进行了无防护性生活,或者避孕失败如安全套破损、滑脱以及错误计算安全期等后进行了性生活,可以考虑服用紧急避孕药物。紧急避孕药一般于房事后72小时内有效,如果在服药期间又有性生活,那么时间要重新推算。紧急避孕药应在性生活后72小时内服用,越早服用效果越好,12小时后可补用一粒,超过72小时往往失败率较高。

需要特别提醒的是：紧急避孕药切勿重复使用！因为紧急避孕药只是延迟排卵并不能完全抑制住卵子排出。而且紧急避孕药副作用非常大，服药后月经失调是常有的现象；此外还会产生恶心、呕吐、不规则子宫出血、排卵期改变以及乳房胀痛、头痛、头晕、乏力等轻微症状。

（3）短效避孕药

短效口服避孕药是由雌激素和孕激素配制而成的复方药物，是目前比较安全、成熟的一种高效避孕药物，可以从根本上抑制排卵；通过抑制排卵、改变子宫内膜环境、改变宫颈黏液的性状、阻止精子穿透、抗着床等机制而达到避孕的目的，避孕有效率达99%以上。

短效避孕药第一次服用应在月经的第1～5天开始，每日一片连续服完，停用7日后再服用下一盒。如果漏服了1片，第二天需要服2片补上，但是漏服3～4天就可能避孕失败。

第五章
大学生健康相关行为

第一节 吸烟和饮酒

一、吸烟

烟草流行是世界迄今所面临的最大公共卫生威胁之一。烟草每年使700多万人失去生命,其中600多万人缘于直接使用烟草,有大约89万人缘于接触二手烟雾的非吸烟者。大约每6秒钟就有一人因烟草死亡,占到了成人死亡的十分之一。

很多人有个误区,看到身边有人吸烟却没有生病而且很长寿,就认为自己吸烟的利大于弊;殊不知个体差异很大,每个人面临的风险不同。大规模人群调查显示,在使用烟草的人中,多达半数者最终将死于某种与烟草相关的疾病。吸烟可能导致的疾病包括成人肺癌、成人心脏病、儿童肺部疾病、中风、心肌梗死和勃起障碍等。

此外,烟草制品燃烧时弥漫在餐馆、办公室或其他封闭空间内的烟雾,也就是二手烟雾,以及残留在衣物、墙壁、地毯、窗帘、皮革、家具,甚至头发和皮肤等表面的烟残留物,也被称为

"三手烟",对处于其中的非吸烟者也会产生有害影响。在烟草烟雾中约有4 000多种化学成分,其中至少有250种已知有害物质,有50多种已知可致癌物质。在成人中,二手烟雾可引起严重的心血管病和呼吸道疾病,包括冠心病和肺癌;在婴儿中,二手烟雾可造成猝死;在孕妇中,可造成低出生体重。在公共场所,有近半数儿童经常呼吸遭受烟草烟雾污染的空气。

"三手烟"是目前危害最为广泛的室内空气污染。烟草烟雾残留物中的尼古丁与空气中的亚硝酸反应,可形成强大的致癌物亚硝胺。迄今为止,尚没有彻底或很好清除"三手烟"的方法,一些常用的方式,如通风、吸尘、空气净化器、熏醋等,都无法有效地消除"三手烟"。

另外,很多人对电子烟和低焦油卷烟的危害缺乏正确认知。实际上,低焦油不等于低危害,所谓的"低焦油"卷烟并不能起到降低烟草制品对人群的危害;而电子烟也会产生"二手烟""三手烟",它也含有尼古丁,并不是无害的。

中国是全球最大的烟草消费国。2018年中国成人烟草调查结果显示,我国15岁及以上人群吸烟率为26.6%,其中男性为50.5%,女性为2.1%,与实现《"健康中国2030"规划纲要》的控烟目标——"2030年15岁以上人群吸烟率下降至20%"仍有较大差距。其中,大学生群体不容忽视。大学生因其处于吸烟习惯养成的关键时期,一旦开始吸烟,极易形成终身吸烟的陋习。国内不同地区的调查显示,大学生吸烟率均呈上升趋势,尤其是电子烟的使用比例较高。

鉴于吸烟的危害,世界卫生组织一直在控制吸烟方面做着不懈努力,我国也采取了各种措施。早在2003年11月10日,中国就正式成为世界卫生组织《烟草控制框架公约》的第77个签约国。2010年3月1日,上海颁布了国内首部由省级人大颁布的控烟法规——《上海市公共场所控制吸烟条例》。在2015年6月北京实行了公共场所室内全面禁烟后,上海修订了上述条例,规定上海的室内公共场所、室内工作场所、公共交通工具内禁止吸烟,于2017年3月1日正式实施。

为使青少年远离烟草危害,2010年教育部办公厅、卫生部办公厅就进一步加强各级各类学校控烟工作提出工作意见,主要包括以下内容:提高认识,加强领导,认真履行控烟职责;明确职责,积极配合,共同推进学校控烟工作;加强宣传,健全制度,努力创建无烟学校;加强督导检查,努力实现无烟学校工作目标。

高校在控烟工作中具体应做到以下几点:

1. 建立健全控烟制度

学校应制订具体的实施计划和工作目标,将责任落实到人。按照国家和当地控烟工作的相关法规和政策要求,认真开展各项控烟工作,并定期开展对本校各部门、各班级控烟工作的检查。教师不得在学生面前吸烟;发现学生吸烟,应及时劝阻和教育。学校应积极倡导和帮助吸烟的教职员工戒烟,发挥教师控烟的表率作用。

2. 除指定室外吸烟区外全面禁烟,营造良好无烟环境

高等学校教学区、办公区、图书馆等场所室内应全面禁烟。校园内主要区域应设置醒目的禁烟标志,校园内不得张贴或设

置烟草广告或变相烟草广告,并禁止出售烟草制品。

3. 加强控烟宣传教育

利用宣传栏、展板、广播、讲座等形式进行控烟宣传。利用每年的5月31日世界无烟日,集中开展控烟主题宣传活动。通过"小手拉大手"等形式,鼓励学生向家长宣传控烟知识,劝阻家人不吸烟和避免被动吸烟。

对于大学生来说,首先应知晓吸烟的危害,尤其是电子烟和低焦油卷烟的危害,提升相关素养。其次,不尝试吸烟,并劝阻家人朋友不吸烟。若正在吸烟,应积极戒烟。最后,减少避免被动吸烟,如不要让吸烟的人靠近你;如果有人在家里、车内吸烟,要及时进行通风,清洗甚至更换可能被烟雾污染过的家具、衣服、地毯、沙发罩等,把残留香烟对人的伤害降到最低;尽量选择墙上有"禁止吸烟"标识的餐厅、培训班或其他室内场所,降低接触烟草的概率;若发现有人在公共场所室内吸烟,可用法律维护健康权益。

二、减少有害使用酒精

中国是酒类消费大国,具有悠久的饮酒文化。当今社会,无论家庭聚会还是工作应酬,几乎都离不开酒。有的人认为饮酒可以缓解其紧张情绪和疲劳状态、增进食欲、舒筋活血,因而经常小酌,甚至每天都离不开酒;然而,长期大量饮酒或醉酒、酗酒不仅有损健康,也会造成一系列不良后果。

2016年全球因酒精所致死亡数为300万,占全球总死亡数的5.3%。饮酒所致死亡数已超过结核、艾滋病、糖尿病、交通伤害等所致死亡数。过量饮酒是造成200多种疾病和损伤病症的因素,可导致酒精依赖、肝脏疾病、胃肠炎、脑损伤、营养不良、骨质疏松症,以及高血压、心脏病等心血管疾病和一些癌症。酒精还可能导致自我伤害、人际暴力、危险性行为和交通事故,引起损伤。孕妇使用酒精,则可能造成胎儿酒精综合征以及早产并发症。

研究显示,1990年至2017年,全球成人人均酒精消费量从5.9升增加到6.5升,预计2030年将达到7.6升。在全球范围内,目前饮酒的比例从1990年的45%上升到2017年的47%;预计到2030年,当前饮酒者的比例将增至50%。2017年,有20%的成年人被定义为酗酒(1990年估计为18.5%),预计2030年这一比例将增加至23%。

国内随着人们生活水平的提高,在社会文化的影响下,青少年饮酒率明显上升,尤其是大学生。近几年,多个省份和地区的调查显示,当地大学生饮酒率高达50%以上,其中男生饮酒率普遍高于女生。导致大学生饮酒的因素较为复杂,主要的有心理、精神、环境的变化和伙伴的影响等。

面对如此严峻的现状,必须采取有效措施控制过量饮酒。世界卫生组织制订了减少有害使用酒精的全球战略,为世界各国减少有害使用酒精提供了指导。各国政府也积极采取措施,如监管和限制酒类的可得性,加强和执行酒后驾车处罚,全面禁止酒类广告、赞助和促销,通过税收等政策提高酒类价格等。

对于高校来说,应加大宣教力度,广泛开展过量饮酒有害健康的教育,提高大学生的自我保健意识;丰富大学生课余生活,营造良好的生活环境,减轻和消除其心理压力;教师应做好模范作用,平时少喝酒,不带头饮酒。

对于大学生来说,应养成健康的生活方式,积极排解负面情绪和心理压力;烟酒不分家,做到不吸烟或尽早戒烟;聚餐时提倡以水代酒、以茶代酒,学会拒绝劝酒;如果一定要喝酒,则做到不过量饮酒。

如何判断是否过量饮酒呢?《中国居民膳食指南(2016)》建议,成年男性一天摄入的酒精量应不超过25克,女性不超过15克,超过这个量就属于饮酒过量。不同种类的酒,酒精度数不一样,所建议的每天饮用限量也有所不同。例如啤酒按酒精度4%来算,则一瓶500毫升的啤酒约含酒精16克,男性一天喝超过一瓶半啤酒,属于饮酒过量;而对于酒精度52%以上的白酒,只喝两小盅就过量了。

第二节 不良膳食行为

一、膳食与疾病

越来越多的研究资料表明:膳食因素与疾病的发生、发展有密切关系,因此平衡膳食、合理营养是预防和治疗相关疾病的重要手段。癌症、高血压、冠心病、糖尿病、骨质疏松症等疾病的发生和发展都与膳食因素有关;由于能量过剩而导致的肥胖,是许多慢性病共同的危险因素。

过量摄入畜肉可增加男性全因死亡、2型糖尿病和结直肠癌发生的风险。烟熏肉可增加胃癌和食管癌的发病风险。高盐（纳）摄入可增加高血压、脑卒中和胃癌的发生风险。油脂摄入量过多可增加肥胖的发生风险。过多摄入含糖饮料可增加龋齿和肥胖的发病风险。

蔬菜水果摄入不足是世界各国居民前十大死亡高危因素。增加蔬菜水果摄入，可降低心血管疾病的发病及死亡风险；多摄入蔬菜，可降低食管癌和结肠癌的发病风险。多摄入牛奶及其制品，可增加成人骨密度。增加鱼类摄入，可降低心血管疾病和脑卒中疾病的发病风险。

二、大学生常见的不良膳食行为

随着社会经济发展和生活方式的改变，大学生多喜欢喝含糖饮料，经常吃甜食、油炸食品，蔬菜水果吃得少，不吃早餐、牛奶摄入不足等不健康的膳食行为十分普遍。2019年上海市疾病预防控制中心对本市8所高校2 000余名大学生开展的学生"常见病和健康影响因素监测"结果显示：15.6%的大学生报告过去一周每天喝1次及以上的含糖饮料（如可乐、冰红茶、果粒橙、营养快线等），77.3%的大学生过去一周喝过含糖饮料，但少于每天1次，只有7.1%的大学生过去一周没喝过含糖饮料；11.6%的大学生报告过去一周每天吃1次及以上的甜食（包括糖果、蛋糕、巧克力、甜汤等），80.8%的大学生过去一周吃过甜食，但少于每天1次，只有7.5%的大学生过去一周没有吃过甜食；8.6%的大学生报告过去一周每天吃1次及以上的油炸食物

（如油条、油饼、炸薯条、炸鸡翅等），86.1%的大学生过去一周吃过油炸食物，但少于每天1次，只有5.4%的大学生过去一周没有吃过油炸食物；2.5%的大学生报告过去一周没有吃过新鲜水果，58.8%的大学生过去一周每天吃新鲜水果不足1次，38.7%的大学生过去一周每天吃1次及以上新鲜水果（达到膳食指南推荐要求）；1.0%的大学生报告过去一周没有吃过蔬菜，17.6%的大学生过去一周每天吃蔬菜不足1次，51.0%的大学生过去一周每天吃1次蔬菜，30.4%的大学生过去一周每天吃2次及以上蔬菜（达到膳食指南推荐要求）；2.0%的大学生报告过去一周从来不吃早餐，36.7%的大学生过去一周没有每天吃早餐，61.3%的大学生报告过去一周每天吃早餐。2017年上海市疾病预防控制中心对本市7所高校近4 000名大学生的健康危险行为调查结果显示：20.7%的大学生报告过去一周都没喝过牛奶/酸奶，只有14.0%的大学生天天喝牛奶/酸奶。

三、大学生应该怎么吃才合理

2016年5月，国家卫生计生委疾控局发布《中国居民膳食指南（2016）》，对我国居民的营养健康和平衡膳食提出指导建议。

1. 食物多样，谷类为主

每天的膳食应包括谷薯类、蔬菜水果类、畜禽鱼蛋奶类、大豆坚果类等食物。平均每天摄入12种以上食物，每周25种以上。每天摄入谷薯类食物250～400 g，其中全谷物和杂豆类50～150 g，薯类50～100 g。膳食中碳水化合物提供的能量应占总能量的50%以上。马铃薯和红薯经蒸、煮或烤后，可直接

图5-1 中国居民平衡膳食宝塔[据《中国居民膳食指南(2016)》]

作为主食食用。少吃油条、油饼、炸薯条、炸馒头等油炸谷薯类食物。

2. 多吃蔬果、奶类、大豆

蔬菜水果是维生素、矿物质、膳食纤维的重要来源,奶类富含钙,大豆富含优质蛋白质。餐餐有蔬菜,保证每天摄入300～500 g蔬菜,深色蔬菜应占1/2。天天吃水果,保证每天摄入200～350 g新鲜水果,果汁不能代替鲜果。吃各种各样的奶制品,相当于每天液态奶300 g。经常吃豆制品,相当于每天大豆25 g以上。适量吃坚果。

3. 适量吃鱼、禽、蛋、瘦肉

鱼、禽、蛋和瘦肉可提供人体所需的优质蛋白质,但摄入要适量。每周吃鱼280～525 g,畜禽肉280～525 g,蛋类280～

350 g，平均每天摄入总量120～200 g。优先选择鱼和禽，因鱼和禽类脂肪含量相对较低，且鱼类含有较多的不饱和脂肪酸。蛋类各种营养成分齐全，吃鸡蛋不弃蛋黄。吃畜肉应选择瘦肉，少吃肥肉、烟熏和腌制肉制品。

4. 少盐少油，不喝或少喝含糖饮料

培养清淡饮食习惯，少吃高盐和油炸食品。每天食盐不超过6 g，每天烹调油25～30 g。控制添加糖的摄入量，每天摄入不超过50 g，最好控制在25 g以下。水在生命活动中具有重要作用，应当足量饮水，每天7～8杯（1 500～1 700 ml）；提倡饮用白开水和茶水，不喝或少喝含糖饮料，更不能用饮料替代水。常见饮料的含糖量和能量见表5-1。

表5-1　常见饮料的含糖量和能量

名　称	容量（ml）	含糖量（g）	总能量
罐装可乐	330	37.0	149.3
瓶装可乐	600	63.6	257.1
罐装雪碧	330	36.3	150.1
芬　达	600	63.6	261.4
冰红茶	500	48.0	196.4
低糖绿茶	500	20.0	81.0
冰糖雪梨	500	62.0	252.4
脉　动	600	29.4	128.6
加多宝	310	28.2	112.2

注：摘自各饮料包装上的营养成分表。

5. 三餐合理,规律进餐,培养健康饮食行为

一日三餐的时间应相对固定,两餐间隔4～6小时,做到定时定量;进餐时宜细嚼慢咽,进食速度过快,会增加发生肥胖的风险。早餐提供的能量和营养素应占全天的25%～30%,午餐占30%～40%,晚餐占30%～35%为宜。坚持每天吃早餐,早餐应有谷类、禽畜肉蛋类、奶类或豆类及其制品以及新鲜蔬菜水果等。不用糕点、甜食或零食代替正餐。

6. 合理选择零食

零食指一日三餐以外的所有食物和饮料,不包括水。应选择清洁卫生、营养丰富的食物作为零食,如新鲜蔬菜水果、坚果、奶及奶制品、大豆及其制品等。油炸、含盐高或含添加糖高的食品不宜做零食,如含糖饮料、油炸食品、太咸或太甜的食物、街头食品(如烤羊肉串)。吃零食的量以不影响正餐为宜,可以在两餐之间吃少量零食,吃饭前后30分钟内不宜吃零食,睡觉前30分钟不吃零食。

7. 不偏食节食,不暴饮暴食,保持健康体重

体重是评价人体营养和健康状况的重要指标,体重过低或过高均易增加疾病的发生风险。应天天运动,食不过量,控制总能量摄入,保持健康体重。定时定量进餐,提倡分餐制,每顿少吃一两口,减少高能量食品的摄入,减少在外就餐。饮食应多样化,不偏食,保证营养齐全。应避免过度节食或采用极端的、不科学的减重方式控制体重,过度节食容易导致营养不良甚至厌食。同时,也应避免暴饮暴食,暴饮暴食会增加超重肥胖的风险。

四、学校应积极创建健康食堂

1. 学校食堂应配备至少1名专（兼）职营养专业人员，开展科学配餐，推广合理膳食理念，对膳食营养均衡等进行咨询指导。

2. 学校食堂应营造健康氛围，在食堂显著位置张贴或悬挂、摆放、展示有关食品安全、膳食营养健康知识和节约粮食的宣传教育资料。有条件的食堂每周应公布学生餐带量食谱和营养素供给量。

3. 学校食堂提供的菜肴、主食应品种丰富、搭配合理，供餐满足粗细、荤素搭配，主食品种应达到2种以上，保证一种粗加工粮食类、薯类的供应；三餐分配要合理，早餐应多样，每天保证蔬菜水果和奶制品的供给量，避免高脂、高糖和碳酸饮料的供应。

4. 学校食堂的主副食加工和烹饪制作规范，采用合理烹调方式，尽量减少食物营养素的损失，同时提高学生对饭菜色、香、味、形的满意度。鼓励学校食堂研发制作低脂、低盐、低糖的餐食。严格控制和管理汉堡包、方便面等高脂、高盐、高糖食品，限制出售碳酸饮料等不利于健康的含糖饮料。

5. 控制膳食中油盐用量，记录每月油、盐的购买量和使用量以及每日用餐人数，计算每人油盐的摄入量，控制每份菜肴的油、盐用量并逐步减少，最终达到《中国居民膳食指南（2016）》推荐的每人限量目标。

6. 学校应对食堂管理、营养专业人员和从业人员开展食品安全和营养、平衡膳食相关的知识和技能培训，新进人员须考核合格后方可上岗。

7. 学校要加强食品安全与营养健康的宣传教育,组织开展学生喜闻乐见的宣传活动,向学生、教师和学校管理人员普及科学营养知识,培养科学的营养观念,引导学生树立健康自我管理观念,培养学生健康饮食习惯。

五、选择新鲜食物,注意饮食卫生

新鲜食物是指存放时间短的食物。储存时间过长,会引起食物的内在质量及感官品质的变化,即食物变质。导致食物变质的主要原因有微生物的生长繁殖、化学反应以及食物自身的代谢作用。食物变质后可能产生对人体有毒有害的物质。另外,食物中还可能含有或混入各种有害因素,如致病微生物、寄生虫和有毒化学物等。吃新鲜卫生的食物是防止食源性疾病、保证食品安全的根本措施。

正确采购食物是保证食物新鲜卫生的第一关。购买预包装食品应当留心查看包装标识,特别应关注生产日期、保质期和生产单位;也要注意食品颜色是否正常、有无酸臭异味、形态是否异常,以便判断食物是否发生了腐败变质。烟熏食品及有些加色食品,可能含有苯并芘或亚硝酸盐等有害成分,不宜多吃。

食物合理储藏可以保持新鲜,避免受到污染。冷藏或冷冻食物可减慢细菌的生长速度,但冷藏或冷冻条件下部分微生物仍能生长,因此,并非将食物放入冰箱内便可一劳永逸了,冰箱并不是"保险箱"。建议冰箱不要塞太满,冷空气需要足够的循环空间来保证制冷效果;生熟食物不要混放,宜熟食在上、生食在下;定期检查冰箱,发现食物有变质腐败迹象要马上清除。

烹调加工过程是保证食物卫生安全的一个重要环节。食品加工制作人员要注意保持良好的个人卫生以及食物加工环境和用具的洁净,避免食物烹调时的交叉污染。对动物性食物应当注意加热熟透,煎、炸、烧烤等烹调方式如使用不当容易产生有害物质,应尽量少用。

有一些动物或植物性食物含有天然毒素,例如河豚鱼、毒蕈、含氰苷类的苦味果仁和木薯、未成熟或发芽的马铃薯、鲜黄花菜和未成熟的四季豆等,应避免误食中毒。

六、学会识别营养标签

营养标签是预包装食品标签上向消费者提供食品营养信息和特征的说明。营养标签包括营养成分表、营养声称和营养成分功能声称3个部分。

其中的营养成分表,显示该食物所含的能量、蛋白质、脂肪、碳水化合物、钠等食物营养基本信息,有助于了解食品的营养组分和特征(表5-2)。购买食品时看清标签,有助于科学选择适

表5-2 食品营养成分表

项　目	每100毫升	NRV%
能　量	272千焦	3%
蛋白质	3.4克	6%
脂　肪	3.4克	6%
碳水化合物	5.2克	2%
钠	48毫克	2%
钙	108毫克	14%

宜自己的食品。

表5-2最后一列的NRV%是营养素参考值百分比,是比较食品营养成分含量的参考值,以衡量人体每日所需。该图显示每100毫升这种食物含有的能量和脂肪的营养素参考值百分比分别为3%和6%,说明摄入100毫升这种食物,就等于摄入了一个人一天所需能量的3%、所需脂肪的6%。一般来讲能量、脂肪、钠的NRV%低,蛋白质NRV%高的食物比较健康。比较不同食物时,要注意营养成分含量是按每100克(毫升)食物给出的,还是按每份食物给出的;如果是按每份食物给出的,还要注意食物的重量。

第三节　身体活动

2017年对上海地区高校的调查结果显示,95.2%的大学生不是每天都能进行60分钟以上的体力活动,大学生缺乏体力活动的现象非常普遍。

一、身体活动对健康的影响

适量的身体活动是世界卫生组织提出的四大健康基石之一。现代社会飞速发展,人类生活方式发生了重大变革,身体活动不足和久坐不动等不良生活方式越来越普遍,已经对人群健康造成了重要影响,成为全球范围死亡的第四危险因素。健康生活方式需从儿童青少年阶段开始重视,许多成年期疾病尤其是慢性非传染性疾病,都与儿童青少年时期间包括身体活动不足在内的各种不良生活方式有关。

身体活动促进身体健康,包括改善身体成分,提高心肺耐力,促进心血管健康和代谢健康,促进骨骼、肌肉和关节的健康。同时身体活动还有益于心理健康,有助于认知发展和学业成绩的提高,还可提高社交技能。

二、身体活动的定义、分类和强度评估

身体活动是指任何骨骼肌收缩引起的高于基础代谢水平能量消耗的机体活动。身体活动包括职业工作、家务、休闲活动、体育运动以及以健身和健康为目的的身体锻炼。运动是身体活动的一种具体的类型,是指为了改善或维持体适能、运动技能或健康而进行的有规律、有计划、有组织的身体活动。

身体活动有3个核心要素:① 骨骼肌收缩;② 高于基础代谢水平的能量消耗,基础代谢是指基础状态下(清晨、清醒、静卧、未做肌肉活动,前夜睡眠良好,测试时没有精神紧张,测试前至少禁食12小时,室内温度保持在20～25℃,体温正常)的能量代谢;③ 是指睡眠和静态行为以外的一切身体活动,面部表情肌、咀嚼肌等的运动除外。

(一) 身体活动的分类

身体活动有不同的分类方法,按强度分为低、中等和高强度;按类型分为有氧运动、无氧运动和抗阻训练。

1. 有氧运动

是机体在氧供充足的情况下由能源物质氧化分解提供能量所完成的运动。有氧运动能够提高有氧供能系统的能力和效率,有效提高心肺耐力和肌肉利用氧的能力。常见的有氧运动项目包括步行、慢跑、滑冰、游泳、骑自行车、跳健身舞、做韵律操等。

2. 无氧运动

当进行非常剧烈或急速暴发的运动时,机体在瞬间需要大量的能量,而能源物质来不及进行有氧分解,有氧代谢不能满足机体此时的能量需求,于是进行无氧代谢,以迅速产生大量能量。与有氧运动相比,无氧运动的强度高、持续时间短。常见的无氧运动项目有短跑、投掷、跳高、跳远、拔河、举重等。

3. 抗阻训练

又称力量训练,是克服外来阻力时进行的主动运动,是提高肌肉力量的重要手段。抗阻训练可增加肌肉的体积、质量、耐力和功率,改善神经—肌肉控制能力,还可有效地增加承重骨的骨量(即骨密度和骨矿质含量)和骨力。常见的抗阻训练项目有引体向上、仰卧起坐、俯卧撑、高抬腿运动、后蹬跑、提踵、哑铃操、举重等。

(二) 身体活动的强度

1. 绝对强度(物理强度)

某种身体活动的绝对物理负荷量,不考虑个人生理承受能力。这里用到的概念为MET值(metabolism equivalent),即一个健康的成年人静坐保持舒适状态时的新陈代谢率。1 MET为安静坐位休息时的能量消耗率,约定值为每千克体重每分钟消耗 35 ml 氧气。

2. 相对强度(生理强度)

更多考虑个体生理条件对某种活动的反应和耐受能力。主观运动强度等级(RPE)量表是一种利用主观感觉来推算运动负荷强度、监测运动强度是否有效的方法。运动时可以参考 RPE 表来判断疲劳程度;以此等级数值乘以10,相当于完成该运动负荷的心率,如表 5-3 所示。

表5-3 主观运动强度等级量表(RPE)

等　级	主观运动感觉	对应参考心率
6	安静,不费力	静息心率
7	极其轻松	70
8		
9	很轻松	90
10	轻松	
11		110
12		
13	有点吃力	130
14		
15	吃力	150
16		
17	非常吃力	170
18		
19	极其吃力	195
20	精疲力竭	最大心率

3. 低强度身体活动

指引起呼吸频率以及心率稍有增加、感觉轻松的身体活动,强度为1.5～2.9 MET,相当于主观运动强度等级(RPE)量表10～11级,例如在平坦的地面缓慢地步行、站立时轻度的身体活动(如整理床铺、洗碗等)、演奏乐器等。

4. 中等强度身体活动

指需要适度的体力消耗、呼吸比平时较急促、心率也较快、微出汗,但仍然可以轻松说话的身体活动,强度为3.0～5.9 MET,相当于RPE量表的12～14级,例如以正常的速度骑自行车、快步走、滑冰等。

5. 高强度身体活动

指需要较多的体力消耗,呼吸比平时明显急促,呼吸深度大幅增加,心率大幅增加,出汗,停止运动、调整呼吸后才能说话的身体活动,强度≥6.0 MET,相当于RPE量表的15级及以上,例如搬运重物、快速跑步、激烈打球、踢球或快速骑自行车等。

三、有益健康的身体活动推荐

(一)基本原则

动则有益,贵在坚持,多动更好,量力适度。

1. 每日进行6千～1万步当量身体活动(6 000～10 000步/天);
2. 经常进行中等强度的有氧运动;
3. 积极参加各种体育和娱乐活动;

4. 维持和提高肌肉关节功能;

5. 日常活动"少静多动";

6. 每日身体活动量的安排:健身防病的运动量需要达到每天进行≥30分钟的中等强度的活动。

(二)个体身体活动指导

科学研究证明,有益健康的身体活动必须适度。适度的含义包括个体身体活动的形式、时间、强度、频度、总量及注意事项等具体计划和实施。

运动锻炼有助于促进健康、预防疾病,但安排不当也有发生意外伤害的风险,因此要权衡利弊,采取措施保证最大利益的实现,也就是实施适合自己的活动计划。实施过程中,要加强管理和及时采取措施控制风险。

1. 对个人身体活动的指导,主要应考虑5个方面的内容:

(1)评估个人健康状况;

(2)评估个人身体活动能力和体质;

(3)制订个人身体活动目标和计划;

(4)制订身体活动安全措施;

(5)运动反应评估及调整身体活动计划。

2. 制订个人活动计划,应包括以下几方面内容:

(1)客观了解个人和环境信息;

(2)科学制订阶段性运动目标;

(3)合理选择搭配运动的形式;

(4)适度可行的运动强度与运动时间;

（5）循序渐进的运动进度；

（6）合理预防运动意外和伤害。

第四节　网络成瘾倾向

一、网络成瘾对健康的影响

网络成瘾，又称"网络成瘾综合症"（Internet Addiction Disorder，简称IAD）或"病态网络使用"（Pathological Internet Use，简称PIU），指在无成瘾物质作用下的上网行为冲动失控，表现为由于过度使用互联网而导致个体明显的社会、心理功能损害。网瘾和一般的赌瘾、酒瘾、药瘾等成瘾病症相类似，也是一种心理依赖行为，也会产生渴求、耐受性、强迫行为和戒断反应，并导致健康和生活等方面受到影响。

随着互联网的发展，网络成瘾问题已成为社会公共卫生的一大难题，而大学生群体是网瘾的"重灾区"。导致大学生网络成瘾的因素是多方面的，有网络本身自由性、平等性、隐蔽性等特性的原因，也有大学生自身人格特质的原因。

网络成瘾剥夺了大学生大量的时间，减少了休息、睡眠和学习等正常生活的时间。因为缺乏体育锻炼、长时间上网导致生物钟紊乱、内分泌失衡，可诱发多种疾病，出现头痛、腰酸背痛、食欲不振、眼疲劳、烦躁不安、失眠、情绪低落、思维迟钝等类似戒断症状。专家发现，"网瘾"患者由于上网时间过长，大脑神经中枢持续处于高度兴奋状态,会引起肾上腺素水平异常增高,交感神经过度兴奋,血压升高,自主神经功能紊乱,以致不能维持正常的睡眠周期,在停止上网时出现失眠、头痛、注意力不集中、消化不良、恶心厌食、体重下降。此外,上网时长时间不动,导致下肢血液回流不畅,还容易引发疾病,特别是诱发心血管疾病、胃肠神经官能症、紧张性头痛等病症;长时间上网还可导致注意力下降,反应能力变差,影响智力发展。

网络成瘾最大的特点是对网络极度地依赖和迷恋。患有"网瘾"的大学生在心理方面对上网有一种难以控制的强烈需要或冲动,这种冲动使其注意力不能集中和持久,记忆力减退,对其他活动缺乏兴趣,为人冷漠,缺乏时间感,情绪低落,消极悲观,孤独退缩,丧失自尊和自信,失去朋友乃至产生一系列的心理疾病。网瘾世界会造成成瘾者角色混乱、人格异化。

二、网络成瘾倾向的自我评估

目前国内外学者已经开发了许多网络成瘾量表,其中既有使用IAD概念的,也有使用PIU概念的;既有综合性网络成瘾量表,也有具体针对某种网络成瘾类型的量表。Young编制的自评式网络成瘾量表(Internet Addiction Test, IAT)简单实用,便于操作,已成为国内外网络成瘾筛检的常用量表,具有较好的信效度。该量表共20个条目,采用5级评分法(从"几乎没有"到"总是"分别计1~5分),总分20~100分,得分40~59分为轻度网络成瘾,60~79分为中度网络成瘾,80~100分为重度网络成瘾(详见附件6)。

三、大学生网络成瘾现状调查及隐患

1. 大学生网络成瘾的流行现状

近年来在对网络成瘾的研究中,有多位学者对大学生群体的网络成瘾情况做了深入调查。调查表明我国各大高校都存在一定比例的大学生网络成瘾者,且来随着社会的发展,大学生网络成瘾检出率呈现逐年上升趋势。各地区之间大学生网络成瘾率存在一定差异,例如2008年对安徽合肥的高校大学生调查结果显示,网络成瘾率为4.0%;2010年对安徽省、江苏省医学生的调查中发现,两省的医学生网络成瘾检出率为11.6%;2012年对北京某医学院大学生的调查结果显示,网络成瘾率为19.67%;2014年对大理市大学生的调查结果显示,网络成瘾率为16.5%;2015年对海南省5所高校大学生的调查结果显示,网络成瘾率高达33.4%;2017年对山东某医学院校大学生的调查结果显示,网络成瘾率为6.7%;2018年汪艳等在调查大学生暑假期间网络成瘾、睡眠质量及负性情绪现状时,发现网络成瘾率高达34.5%。大学生网络成瘾率的差异受地域环境、经济水平、教育水平以及调查量表等因素的影响。同时大学生网络成瘾率与高校类型可能具有一定相关性,如综合院校与专科院校如医学院校之间的大学生网络成瘾率存在差异,可能由高校学习环境、教育模式、文化氛围等存在差异造成。

2. 网络成瘾的隐患

网络成瘾对健康有直接影响,伴随着成瘾行为可出现躯体依赖性、生物钟紊乱、神经衰弱、视力减退以及关节炎症和戒断症状等问题。网络成瘾对大学生的学习影响是最直接的。大学生的主要任务是学习,学业成绩是衡量大学生学习成功与否的主要标尺。当大学生沉迷于网络时,便侵占了学习时间、削弱了学习兴趣、破坏了学习秩序、降低了学习效率,从而导致学习成绩下降、学业受挫。很多大学生因痴迷于网络游戏、网络交往等而长期沉溺于网络,浪费了大量的时间和精力,并且受到网络中不良信息的影响而沉迷其中不能自拔,甚至于通宵达旦、"废寝忘食",结果不仅浪费了宝贵的学习时间和金钱,而且荒废了学业。

网络能丰富大学生的交往方式,但网络上瘾却严重影响了大学生的人际交往能力。在对家庭关系、师生关系和同学关系是否和谐的调查报告中,过度使用网络和网络成瘾的大学生不和谐比例明显高于非网瘾大学生。长期上网让大学生渐渐减少了和家人、同学的交流时间,导致人际关系淡漠,淡化了亲情友情。开始时,他们可以为了上网而忘记所有的现实活动,比如吃饭、睡觉,慢慢颠倒作息规律,最后连基本的亲情和友情也逐渐淡化;上网行为也导致现实生活中与家长的冲突,各种不良互动又进一步破坏与家人的关系,使得彼此不再相互信任。

大学阶段是青年人世界观、人生观、价值观形成的关键时期,是一个人社会化的重要阶段,同时也是道德修养的薄弱阶段,各种观念还不稳定。而网络的开放性、自由性和全球性,使得各种不同的思想观念得以在网上自由传播,不同的历史文化背景、民族、宗教信仰以及不同的价值观体系,都在网络世界标榜自己,冲击大学生的思想观念,使系统的价值观被动摇、淡化,形成多元的价值观和道德观,但又缺乏及时的整合,使大学生的价值体系处于某种程度的混乱之中,道德判断也存在多重标准,没有稳定的信仰和清晰的道德标准,即使沉迷网络、违背网络道德也不以为然。此外,网络上的色情和暴力内容也不容忽视,一些暴力游戏、色情电影、色情音乐、色情图片、色情文字、非法论坛等消极信息在网页的公告栏、留言板、聊天室及邮箱随处可见,这些不健康的内容,造成青年大学生过分放纵自我,法律以及道德观念淡薄,人生观、价值观扭曲,继而迷失方向。

网络具有一定的隐匿性,缺乏传统社会的法律、道德和舆论的约束,现实生活中被约束的人性中假、恶、丑的一面,会在网上释放宣泄出来。网络同时也具有一定的不规范性,黄、赌、毒的内容充斥其中,而大学生对外界的各种诱惑又没有足够的抵御能力,自制力差、好奇心强、认识不成熟,使其更易被诱惑而引发色情、暴力、抢劫等犯罪行为。

四、网络成瘾的防控措施

1. 心理咨询,辅助治疗

网络成瘾除了自身行为出现问题外,心理方面也会出现严重的问题,很有可能还会出现精神障碍,因此需要进行相应的心理疏导。高校可以建立心理健康教育平台,为有需要的学生提供专项服务,在专业人士的教育和心理疏导下,帮助学生遏制网瘾、戒除网瘾。针对已经出现精神障碍的学生,要及时送到专科医院进行治疗,防止情况恶化。同时学校要建立相关的档案资料,对有网络成瘾倾向的学生的信息进行搜集、整理,实时掌握问题学生的动态。

2. 创设环境，激发兴趣

大学生在校期间的重点任务就是完成学业，不断提高自身综合素质，使个人得到全面发展。高校应给学生创造良好的学习环境，不断激发学生的学习兴趣。大学生网络成瘾存在客观因素，通常是受不良环境影响导致的，这就需要学校做出相应的整改。例如高校要重视做好思想政治教育工作，引导学生建立积极向上的世界观、人生观和价值观，正确看待网络使用问题。同时还可以开展丰富多彩的校园文化活动，引导学生走出网络世界，积极参与校内实践活动，在养成健康体魄的同时，德、智、体、美、劳全面发展。

3. 倡导正确的家庭教育

家庭教育影响一个人的性格，防治网瘾并不是学校教育单方面的事情，家庭教育对学生的正确引导也是辅助学生远离网瘾的重要手段。对于学生上网的问题，家长不能只采取堵的方式，应该予以正确的疏导。对于一些网瘾的戒除，"堵"或许会有一定的效果，但是不从心理上进行疏导，一旦疏于管理，网瘾还是会反复。家长须配合学校教育，强化与学生的沟通和情感交流，让家庭的温暖与责任感激励学生，防止网络成瘾。

4. 主动提升自身素质，加强交往沟通

大学生应该积极参加社会实践，充分利用课余时间参与学校、学院以及社团组织的活动，让课余生活变得丰富起来。要认识到参加课外活动有助于加强人际交往、有助于丰富自己的生活、有助于毕业以后更容易地适应社会。大学生要发挥自身的主体能动性，克服自身性格上由于内向等原因造成的不善于、不

乐于沟通交流以及排斥集体活动或者课外活动的倾向，调整自己的心理状态、生活状态，积极面对生活，面对学习。

逃避现实也是导致当代大学生网络成瘾的一个重要因素，因此大学生提高自己的心理素质、增强适应能力也是远离网瘾的一个重要手段。青年学子在上大学以后，会进入一个和原来的生活圈子完全不同的状态，此时家庭经济条件的差别、学习接受能力的不同、性格的差异以及就业压力等种种原因，都会使学生产生某种程度的不适应。作为当代大学生要正确认识这个事实，不能一味地惧怕、逃避，而是应该不断提升自己的心理素质，积极面对各种挑战，学会正确对待和处理学习、生活中的挫折。

现实生活中的交流和沟通是健康正常生活的重要组成部分，而网络成瘾大学生往往是沉浸于网络的世界不能自拔、难以解脱；在网络世界中可以侃侃而谈，在现实生活中却是难以开口，难以表达自己的感受。因此，锻炼、强化大学生现实生活中的人际沟通能力，有助于大学生远离网瘾。善于和同学沟通交流的学生不仅有更强的抗压能力及自我调节能力，即使在他们有网络成瘾倾向的时候，也更倾向于向老师、同学及社会寻求帮助。

第五节　不安全性行为

一、不安全性行为对健康的危害

世界卫生组织（WHO）将不安全性行为定义为：性行为双

方是性传播疾病的高危易感对象，且性行为过程中未采取任何预防保护措施。目前，明确已知可通过性行为传播的疾病包括艾滋病（AIDS；由人类免疫缺陷病毒HIV引起）、梅毒（由梅毒螺旋体引起）和淋病（由淋病奈瑟菌引起）等性传播疾病（sexually transmitted diseases, STDs）。

除了上述明确定义为STD的疾病外，还有多种病毒或微生物可通过不安全性行为在人群中造成传播和流行，比如衣原体、乙肝病毒（HBV）、丙肝病毒（HCV）、人类乳头状瘤病毒（HPV）、寨卡病毒（ZIV）以及多种疱疹病毒（HHV）等。病毒和细菌等微生物的感染除了会造成后续的传播和流行外，也增加了个体的健康风险。以HIV感染为例，由于目前缺乏疫苗和有效的清除措施，HIV携带者多数最终发展成为艾滋病。虽然目前国家已经大力普及高效抗反转录病毒治疗，但是近年来，我国每年依然有超过2万人因艾滋病直接导致死亡，且这一数字一直处于上升趋势。HBV、HCV、HPV以及HHV8等病毒的感染，虽然不会直接导致死亡，但是由于这些病毒均是明确的恶性肿瘤诱因——如我国超过80%的肝癌是由HBV和HCV感染引起的，而HPV和HHV8分别是宫颈癌和卡波氏肉瘤的必要病因——因此，这些致瘤病毒的感染，导致个体患癌风险增加，间接增加了全人群的死亡率和社会的疾病负担。以往研究表明，无安全套阴道性交、肛交、多性伴以及男男同性无保护性行为，均是增加此类病毒感染的独立风险因素。

除了可能传播疾病，两性之间的不安全性行为还可能导致非意愿怀孕和流产。流产不仅是对社会医疗资源的一种极大浪费,不安全流产也成为我国当代女性,尤其是青年女性的一大健康威胁。

近年来,不少研究报道HIV感染率和流产率在大学生群体中激增,这一现象一方面表明了大学生群体普遍缺乏"性安全"意识,另一方面也揭示了当前缺乏有效的科学教育和干预措施。因此,上至政府部门、教育主管部门,下至学校和公共卫生管理机构,有必要建立起一套协同防控的体系,预防大学生因不安全性行为导致的伤害进一步增加。

二、大学生不安全性行为的现状和隐患

大学生年龄跨度一般为18到25岁,处于心智和生理刚刚发育成熟的阶段,尚未形成稳定的世界观、人生观和价值观。一方面,大学生离开家乡,脱离高中的"高压"状态,进入大学校园后,面临诸多的新鲜事物和来自各方面的诱惑;另一方面,大学生处于荷尔蒙分泌旺盛期,对异性和性具有一定的好奇和期待,这就容易导致大学生成为不安全性行为的高发群体,由此产生的不良影响和后果值得关注。

2019年,一篇来自《科学》杂志(Science)的报道引起了广泛关注。该报道指出,在过去几年中,中国大学生群体中HIV的感染率以每年30%~50%的速度在增加。国内一项研究显示,2011~2016年间,我国6~22岁的学生群体中,传染病的总体发病率和死亡率均呈下降趋势;但是在大学生群体中,艾滋病高发,年均发病率为6.03/10万。造成这一现状的原因是多方面的。目前中国的校园里,包括大学和中学,普遍缺乏科学的性

教育，大学生对于"安全性行为"普遍意识不强，婚前性行为高发，且通常在不同时间段甚至同一时间段内拥有多个性伴，这为病毒的交叉感染提供了机会。此外，一个更重要的原因是，大学校园里的男男同性恋者（MSM）一直受到忽视，而这个群体相比于其他人群，才是HIV等病毒的高发群体。一项研究显示，国内大学生MSM的HIV感染率为4.6%。据报道，国内最大的"男同"社交平台中，约有一半的用户为年龄为18～25岁，这表明大学生MSM群体很有可能如同"海面上的冰山"，我们目前所了解的只是露出水面的一部分，而该群体的真正规模难以得知。此外，由于受我国传统观念的影响，同性恋群体容易受到他人的歧视和污名化，难以被家人、朋友所接受，导致该群体只能进一步隐藏，这也无疑为保障该群体的健康增添了障碍。

异性之间的不安全性行为，除了可能造成疾病传播外，更严重的后果是导致女性意外怀孕和流产。一项覆盖了超过1万名对象的研究表明，大学生情侣中，由于未采取有效的避孕措施，导致非意愿怀孕的发生率高达34.03%；而在意外怀孕的女性大学生中，大多数选择流产。另一项研究同样表明，在2万多名接受问卷调查的大学生中，规范使用避孕套的仅有35%，约有10%的女性大学生曾经经历过因意外怀孕导致的流产；此外，在该调查中，发现约有1.5%的大学生曾经患有不同程度的性传播疾病。

无论是异性还是同性之间，安全健康的性行为本是增进情侣感情的有效途径，有益身心健康。但是如果没有科学健康的性观念和相匹配的性知识，性可能会成为年轻人的健康隐患。

三、不安全性行为的防控措施

预防不安全性行为导致的性传播疾病和流产,需要从社会到个人开展多方面的努力。社会层面,需要做到以下几点:① 树立正确的性导向。性与日常衣食住行一样,是我们生活中的一部分,以科学的态度看待性才能有助于更好地了解它。② 加强对性传播疾病危害的宣传,加大"艾滋病日"的宣传力度,让大学生了解性病的传播途径和危害。③ 相关部门允许在电视广播或公共场所投放内容合适的安全套广告,而非仅仅是紧急避孕措施的广告。④ 针对高危人群,进行合理教育和人道主义关怀。⑤ 进一步扩大艾滋病等性传播疾病免费治疗的覆盖面。

学校层面,在紧密配合国家相关防控政策的同时,需对学生群体制订具有针对性的预防措施,而非简单地发放免费安全套。① 在普及人体生理知识的同时,定期开展性安全科普教育,而不是避而不谈。② 对于男性和女性,分别进行性安全教育,而不是混为一谈。针对男性,在强调性安全的同时,更要强调社会责任与家庭责任;针对女性,要引导她们在与异性相处的过程中,以正确的方式保护自己。③ 在开展性安全教育课的同时,开设恋爱心理课程。④ 对于重点人群,学校需要专门摸排,在搞清楚大概规模后,以平等的姿态给予教育或者帮助。

个人层面,除了要了解必要的生理卫生和性安全知识外,男性和女性在相处的过程中,更应该懂得如何保护自己、保护他人。男性要懂得珍惜、尊重女性,女性更要懂得保护自己;

要深知一切冲动可能带来严重的甚至可怕的后果。而一旦遇到问题了,也要及时向身边的人求助,而不是羞于开口、坐以待毙。在发生高危性行为后,应及时到疾病预防控制中心等部门进行相关检测。总之,大学阶段是青年的黄金时期,学习是主要任务,培养正确的世界观、人生观、价值观,利用校园的优良学习环境,健康地生活、学习,使自己获得丰硕的人生储备,才是正途。

第六章
大学生心理健康

第一节 大学生主要心理健康问题

一、心理健康的标准

健康是人类永恒的话题,心理健康作为健康的重要维度之一,长期以来亦受到广泛关注。心理健康主要是指人心理上的一种持续、积极、有效率的状态。从心理结构的角度来看,心理健康的内容包括认知、情绪、行为、人格和能力等各个方面。

目前尚无统一的心理健康标准,综合国内外学者的视角并结合大学生人群的特点,大学生心理健康的标准可概括为以下几点:

1. 智力正常,拥有较浓厚的学习兴趣。智力以思维为基础,包括各个认知方面的能力,诸如理解力、判断力、想象力、记忆力、注意力、计算力等多方面的能力。

2. 恰当的自我意识。给自己正确的认识和定位,积极地去做自己力所能及的事,能够自我悦纳、自我理解、自我负责、自尊自爱、自立自信。

3. 善于调整和控制自己的情绪,保持良好的心境,意志健全。情绪是伴随人的心理活动过程所产生的内心体验,心理健康的人能够真实地感受到喜、怒、哀、乐等各种情绪,具有较强的情绪管理能力,能够适度表达和控制情绪,合理宣泄情绪。

4. 能保持和谐的人际关系,乐于交往。心理健康的人善于与他人建立良好的人际关系,具备良好的沟通能力和技巧,在与人交往的过程中悦纳自己、接受别人,并被他人所理解和接受。能够融入团体,与人同心协力、合作共事。

5. 具有良好的环境适应能力,能够客观地认识环境,正确地分析环境中的积极因素和消极因素,尽可能化不利为有利。

6. 具有健全的人格。人格是指人的整体精神面貌,是个体比较稳定的且具有一定倾向性的心理品质或心理特征的综合,是一个人素质的重要组成部分。心理健康者人格的各个方面,包括思维、情感、动机、兴趣、毅力、能力、理想、价值观等都应全面、协调、均衡地发展。

7. 心理行为符合大学生的年龄特征。大学生处于特定的年龄阶段,应具有与自身年龄、角色相适应的心理行为特征,表现为充满朝气和活力、精力充沛、勤学好问、反应敏捷、喜欢探索等。

二、大学生常见的心理问题

心理问题是指各种心理和行为异常的情形。心理健康与不健康之间并没有绝对的分界线,而是一种连续过渡、不断变化的状态。在现实生活中,每个人都会遇到心理问题,但心理问题的严重程度、持续时间各有不同,给人带来的影响也不同。

(一) 心理健康等级

按照心理问题的严重程度,通常把大学生心理问题分为健康状态—不良状态—心理障碍—心理疾病4个等级。

1. 心理健康状态,是指本人不觉得痛苦,其他人未感到异常,社会功能良好。

2. 不良状态,又称为心理困惑,是介于健康和疾病的中间状态,是人们经常遇到的因各种适应问题、应激问题、人际关系问题等引起的轻度心理失调,其强度较弱,持续时间较短,能够通过自我调整和适当的心理疏导得到恢复和矫正。

3. 心理障碍,是许多不同种类的心理、情绪、行为失常的统称,心理功能紊乱,并达到影响个体的社会功能或使自我感到痛苦的程度。主要指神经症、情感性障碍、人格障碍和性心理障碍等轻度的心理创伤或心理异常现象。需要求助于心理医生。

4. 心理疾病,是由于个人和外界因素引起的个体强烈的心理反应,并伴有明显的躯体不适感,是大脑功能失调的外在表现,需要心理医生的治疗。

(二) 大学生心理问题主要表现

1. 入学适应方面。这一问题常常出现在入学新生中。大多数新生进入大学要面对陌生的校园、来自不同成长环境的同学和全新的生活方式与学习方式;首次远离家乡、离开父母和熟悉的生活环境,也会带来不同程度的压力和心理上的不适应。

适应能力较弱的同学,容易出现焦虑、孤独、苦闷等心理现象,甚至失眠、厌学以至退学。

2. 学习方面。大学阶段的教学方式、教学内容等都与高中阶段有明显差异,这就要求大学生必须调整之前的学习模式和学习方法,尽快学会自主学习,适应全新的大学学习生活;但也有很多大学生由于学习方法不适应、学习目标不清晰、学习动力不足等,导致厌学、焦虑且成绩不佳,甚至放弃学业。

3. 人际交往方面。进入大学后,面对来自不同成长环境的同学,如何与周围的人友好相处、如何建立和谐的人际关系,也是大学生面临的重要课题。部分学生受应试教育、自我性格、成长环境等的影响,在进入大学之前人际交往范围较小,比较缺乏与人沟通、交流的经验与技巧,从而会遇到各种交往方面的困难和挫折,产生焦虑、自闭等心理问题。

4. 恋爱和性方面。大学生由于性生理逐渐发育成熟,性意识的觉醒与性心理的发展促使其渴望了解异性、向往爱情;但由于缺乏相关教育和经验指导,许多大学生对爱情和对性行为不能正确认识,在恋爱中遇到被拒绝、失恋、单相思或第三者等苦恼时,产生心理压力,出现压抑、自卑、抑郁、性行为障碍等。

5. 择业方面。大学生毕业前夕,最大的心理压力来自求职择业。在求职择业过程中,有的学生缺乏经验与准备,难以找到满意的工作;有的因高估自己或缺乏勇气和自信,同样遇到就业困难。当毕业生心理压力与经济方面的困难相叠加时,部分学生会出现心理问题。

三、影响大学生心理健康的因素

人的心理健康是一个极为复杂的动态过程,是生理、心理、社会等诸多因素共同作用的结果。大学生心理问题的产生,是其所处的特殊年龄阶段与特殊学习环境及社会因素相互作用的结果。

(一)个体生理因素

影响心理健康的生理因素主要包括遗传、躯体疾病、大脑器质性病变、神经系统的先天素质不健全等。

1. 遗传因素。大量研究表明,在精神疾病中,尤其是精神分裂症、躁狂症、抑郁症等,遗传是重要病因之一。一个人的躯体、气质、智力、神经过程的活动特点等,也受遗传因素的影响。

2. 躯体疾病。各种躯体疾病,尤其是慢性疾病,常会使人变得烦躁不安、敏感多疑、情绪稳定性降低、行为控制力减弱、人际关系紧张等,严重的可能导致心理障碍。

3. 大脑器质性病变。如脑肿瘤、脑萎缩、脑炎、脑外伤等,会直接导致各种心理异常表现,出现意识障碍、智力障碍、人格异常、严重遗忘症等。

4. 神经系统的先天素质不健全。如大脑皮层的兴奋和抑制过程不协调等,会导致病态人格等心理异常。

(二)社会环境因素

影响心理健康的社会环境因素是多方面的,对于大学生而言,关系密切的社会环境因素包括家庭环境、社会文化、学校环境、教育环境等。

1. 家庭环境。家庭环境的影响主要表现为父母对子女的态度和教养方式。家庭环境对人的一生会产生重要影响,在个体早期发展中,父母的爱、支持和鼓励是儿童早期信任感、安全感建立的重要因素;而不当的家庭教育和不良的家庭环境,可能会导致子女缺乏信任感和安全感,形成不良人格,产生人际交往障碍等异常心理行为。

2. 社会文化。个人是社会的构成细胞,已形成的社会道德观念、价值取向又影响着个人的心理和行为。我们正处在多元文化交叉、多种价值观冲突的时代,随着社会进步和技术发展,人与人的交往日益频繁,各种社会传媒作用越来越大,信息容量和传播速度急速提高,市场经济竞争更加激烈,所有这些社会现象都会加重人们的心理负担和内心冲突,其中许多不良因素亦会给思想和行为造成消极影响。

3. 学校环境。大学生的大部分时间是在校园中度过的,学校的生活条件、学习条件、教学内容、教学方式、同伴关系、师生关系、校风学风等因素在很大程度上影响着学生的身心健康。

4. 教育环境。长时间以来,学校更为重视学业成绩,重视思想道德素质和生理健康,而较为忽视学生的心理素质。在我国的教育实践中,学校往往缺乏对学生心理素质的指导、培养和训练,导致大学生群体在面对复杂的环境和心理状况时,由于缺乏有效的知识储备和技能储备,容易产生心理行为问题。

(三) 个体内在因素

大学生群体正处于青春期和成年期的过渡阶段,生理发育趋于成熟,但心理上还未达到完全成熟的阶段,因此表现出矛盾的心理,如抽象思维迅速发展,但思维易带主观片面性;情感丰富,但情绪波动较大;自我意识增强,但发展不成熟;意志水平明显提高,但不平衡、不稳定;人格发展基本成熟,但不完善。

影响大学生心理健康的个体内在因素主要表现为以下几方面:

1. 自我意识。大学生的自我意识是大学生心理发展的突出方面,他们对自我认识和自我评价有浓厚的兴趣,但却常常缺乏客观性和正确性,有时自我感觉太好而自负自傲,有时遇到挫折又走向对立面,因自我评价过低而自卑。

2. 心理承受能力。由于时代和环境的影响,许多学生感情比较脆弱,爱慕虚荣,喜欢听到赞扬,而缺乏在困难和逆境中的锻炼,经不起挫折。心理承受能力低是当代大学生普遍存在的问题。

3. 人格因素。健全统一的人格是大学生心理健康的重要标准。对于同样的环境和同样的挫折,不同的人有不同的反应形式,受到的影响程度也完全不同。在人格的形成和发展过程中,各种因素也在不同程度地影响着人格的发展,人格发展的缺陷也很容易导致心理疾病。

4. 人际交往认知。大学生思想活跃、精力充沛、兴趣广泛,人际交往的需求极为强烈,但自身社会阅历有限,客观环境的限制也使其不能全面接触社会,心理上也不够成熟,因而在人际交往中常常遇到理想与现实不符的矛盾时,容易产生交往障碍和心理创伤。

5. 社会认知。在社会急剧变革的背景下,处于敏感期的大学生群体对社会的复杂性缺乏科学、全面、正确的认知,更容易受到社会的消极影响,从而产生悲观、失望、消沉、偏激等心理问题,甚至导致攻击型和反社会型人格障碍。

第二节 心理健康教育和自我调适

一、增进心理健康的途径

1. 学习和掌握一定的精神卫生知识。有了知识基础,就相当于把握了心理健康的钥匙,掌握了心理健康的主动权。

2. 建立合理的生活节奏,培养良好的生活习惯。有节奏地学习、工作,能够使脑神经细胞的兴奋与抑制保持平衡和协调,更好地发挥大脑功能。

3. 培养良好的人格品质,养成乐观向上的个性、坚强的意志和一定的挫折耐受力。

4. 善于控制和调节情绪,使自己经常保持良好的心境和乐观的情绪,形成适度的情绪反应能力和抗干扰能力,避免情绪的大起大落和心理失衡。

5. 确立合理的需要和远大的理想。通常个人的需要获得满足,就能够引起积极的情绪体验。而个人的需要和愿望能否实现,与个人生理、能力、社会环境等各方面因素息息相关,因此应结合实际,制订合理的需要。还要树立更高层次的远大理想,指引自己不畏困境,勇敢前行。

6. 培养幽默感。幽默感能体现出人的自信和镇定,即使在困难的境遇下生活仍充满乐趣。

7. 增强生活适应能力。生活是复杂的,挫折和失败是难免的,应正视生活中的困难和挫折,想办法解决困难。

8. 正确恰当地评估自己,对自己要有信心,建立与自己能力相适应的抱负水平,也要容纳自己经过主观努力而无法改变的现实。

二、心理咨询

人在遭遇挫折、经受困境、长期不良情绪无法消除时,常常会遇到心理问题,甚至发展为心理疾病。对于大学生群体,首先要能够正确对待心理问题和心理疾病,每个人都可能遇到心理问题或患有心理疾病,要相信心理疾病是可以治愈和预防的,更不能歧视或鄙视心理疾病患者。

在遇到心理问题时,及时求助,进行心理咨询是非常必要的途径。大学生心理咨询指的是运用心理学的原理和方法,对大学生在学习、生活中遇到的一般心理问题给予直接或间接的辅导和帮助,并对有关心理障碍或轻微精神病患者进行诊断的过程。

心理咨询与心理治疗不同。心理咨询的对象主要是正常人,或正在恢复和已经复原的心理患者;心理治疗则主要针对有心理障碍的人。心理咨询更强调教育性、支持性和发展性,挖掘和利用求助者潜在的积极因素,来指导和帮助求助者澄清认识、做出决策;心理治疗主要是进行人格的改造和行为的矫正,以克服、消除不良精神症状为主,甚至要借助药物治疗。

心理咨询也不同于思想政治教育工作。心理咨询不规定、不干预咨询对象的价值观,仅以解决心理健康问题为主要目的。相较于思想政治工作,心理咨询对从业人员有更高的专业、知识、技能的要求,需要经过专门的训练。

大学生心理咨询涉及的内容非常广泛,主要分为发展性咨询和障碍性咨询。

1. 发展性咨询,是指根据个体身心发展的一般规律和特点,帮助不同年龄阶段的个体尽可能地圆满完成各自的心理发展课题,妥善解决心理矛盾,更好地认识自己和社会,开发潜能,促进个性的发展和人格的完善。对于大学生而言,常见的发展性咨询有适应问题、自我意识问题、人际关系问题、恋爱与性心理问题、学习问题、就业问题等。

2. 障碍性咨询,是指为各种有障碍性心理问题的咨询对象提供心理援助、支持、干预、治疗,消除咨询对象的心理障碍,促使其心理朝着健康方向发展。大学生正处于青春期和青年早期,正是各种心理冲突集中出现的阶段,在独立面对一些心理挫折时,由于心理与行为上的各种不适应,可能会导致多种心理疾病,如应激障碍、适应障碍、恐惧症、强迫症、焦虑症、抑郁症、精神分裂症等。

三、心理问题的自我调适方法

人在面临挫折时,会调动自身的心理防御机制,力图减少焦虑情绪,维持心理平衡,这是个体自我保护的体现。除此之外,还可以主动地进行自我心理调适,来缓解各类心理困境。

1. 意义寻觅法。寻找和发现生命的意义,树立明确的生活目标,以积极向上的态度来面对和驾驭生活。对生命和生活意义的探索和追求是人类的基本精神需要,能够带来价值感。

2. 认知调控法。当个人出现不适度、不恰当的情绪反应时,理智地分析和评价所处的情境,理清思路,冷静地做出应对决策。情绪反应是人的本能,但即刻的认知往往较为笼统而模糊,诱发的情绪会过度强烈。因此需提醒自己先冷静分析问题所在,调整过度的情绪反应,寻求多种解决问题的方案,择优而行。

3. 活动调试法。通过从事有趣的活动来调节情绪、促进身心健康。大学生可以在日常生活中探索和寻找适合自己的活动调试方法,比如读书、绘画、写作、体育运动、听音乐、唱歌等。

4. 合理宣泄法。利用或创造某种条件、情境,用合理的方式把压抑的情绪倾诉和表达出来,减轻自己的心理压力,稳定自己的思想情绪。

5. 身心放松法。通过放松训练来达到肌肉和精神放松的目的。人的生理活动与心理活动密切相连,可以通过肌肉松弛练习来缓解和消除心理紧张。

第七章
环境与健康

第一节　室内环境与健康

大学生面临的环境污染中,室内污染扮演着重要的角色,主要包括化学、物理和生物因素。有专家估计生活在城市里的人一天中有80%～90%的时间是在室内度过的,也就是说居室、学校和室内公共场所的环境卫生对大学生健康影响时间是最长的。

室内的化学污染主要来自装修材料、家具材料挥发出的有害物质,以及室内燃气燃烧产生的化学物质。这些化学物质主要有甲醛、苯类、挥发性化合物、一氧化碳、二氧化碳等。已经证实甲醛超标可引起支气管哮喘,苯是白血病的元凶,而挥发性化合物可引起人体黏膜的刺激症状,一氧化碳可以引起中毒,二氧化碳过高会引起人体的缺氧症状。当然,这些危害都是基于危害物质超标的情况下,在一个合格的环境中,保持良好的通风,这些危害应该是不存在的。

室内可能的物理危害因素包括电磁辐射、光污染和噪声。室内的电器,包括电视、电脑、空调、微波炉、电吹风、手机等在正常工作的时候会产生不同波长的电磁波。长期处在较强的电磁辐射下，人的神经内分泌系统会受到干扰而导致紊乱，造成失眠、烦躁、头晕等症状，严重的会产生疾病。要控制电磁辐射的影响，应避免在居室内摆放过多的电器。在学生的宿舍里空间有限，更要注意各类电器的合理使用，不仅要控制电磁辐射，更要注意防火和防触电。

室内的光照应该足够明亮和均匀，根据居室的功能安装照明强弱、色度适当的人工照明。光线过亮、闪烁不定、明暗不均等，容易产生视疲劳，对视力有影响，同时，还会扰乱人体正常的生理节律，诱发神经衰弱和失眠。噪声对正常听力有损伤，在超过80分贝的噪声环境里持续一段时间，有一半的人可能发生耳聋。噪声过大，会刺激人体产生过多的肾上腺激素、影响人的神经系统，这些与心血管疾病、神经系统疾病都密切相关。

室内的生物危害因素，包括存在于空气中的细菌、霉菌、病毒、螨虫等，这些病原体也可能存在于室内的物体表面，或者存活于开放的容器中。室内的这些生物病原体是造成感染性疾病及哮喘的原因。居室要经常开门窗通风换气，使用空调系统的要及时清洗和消毒，经常打扫和清洁房间，避免产生霉菌和滋生蟑螂等有害虫媒。毛巾、寝具和衣物也要常换洗，在阳光下晾晒或者消毒。

第二节 高温与健康

人的正常体温是37℃，如果长期暴露在高温环境下，加上人体代谢过程产生的热,有可能造成体温升高;如果影响身体调节温度的能力,可能导致一系列疾病,例如热痉挛、热衰竭、中暑和高热等。极端高温下还会恶化心血管、呼吸道和脑血管以及糖尿病等慢性病。高温的个人防护措施包括:

(1)关注气温的变化,高温天气(≥35℃)避免长时间在室外停留,特别是上午10点到下午2点之间避免在阳光下暴晒。

(2)保持居住环境的凉爽,条件允许的话白天室温最好保持在32℃以下,夜间应保持在24℃以下。没有空调的房间充分利用自然风、风扇和遮挡太阳光的方法降低室温。

(3)在高温天气里多喝水,饮食宜清淡。应选择白开水,如果出汗较多可适当饮用淡盐水,避免摄入过多的糖,少饮用咖啡和浓茶。

(4)避免在最热的时候外出,减少剧烈的体力活动,保证充足的休息。

(5)洗凉水澡。也可使用冰袋和冷包、冷毛巾、冷海绵,或用凉水足浴等。

(6)穿由天然材料制成的轻便宽松的衣服。如果外出,可戴宽边帽和太阳镜。

(7)使用薄床单和薄被子,不要加铺褥垫,以免聚热。

(8)如果感到不适,应采取措施应对。常见不适有感到头晕、虚弱、焦虑或口渴、头痛,应对措施包括:赶紧寻求他人或医务人员帮助;应尽快到凉爽地方并测量体温;喝一些水或果汁补充水分;立即在凉爽处休息,并饮用含有电解质的口服补液。如果热痉挛持续时间超过一个小时,则应求医;如果感到有异常症状或持续存在异常症状,应尽快咨询医生。

第三节 雾霾与健康

如今以雾霾为主的空气污染已成为困扰城市居民健康的主要问题之一。随着空气质量的恶化,雾霾天气出现得日益频繁,我国部分地区已将雾霾天气作为灾害性天气进行预警预报。

一、雾霾天气对人体健康的危害

1. 对呼吸系统的影响。雾霾的组成成分非常复杂,含有多种可吸入颗粒物和有害物质,这些物质附着于人体的呼吸道及肺泡中,容易引起呼吸系统过敏、肺功能障碍等症状,显著提高鼻炎、哮喘、肺结核、肺炎、肺癌等相关疾病的患病率以及因呼吸系统相关疾病死亡的危险性。

2. 对心血管系统的影响。空气中的PM2.5不仅可以吸附在肺泡表面,还能够通肺静脉进入血液循环,并最终危害人体其他脏器。多项研究显示,空气中的PM10、PM2.5、O_3、CO等浓度升高与心血管内科门诊量增加存在关联。天气变化也可能诱发或加重如高血压、心绞痛、心力衰竭、肺源性心脏病等的病情。

3. 对心理健康的影响。阳光普照的天气可以使人心情舒畅,而昏暗的雾霾天气却容易造成内心压抑。频繁发生的雾霾天气更容易诱发负面情绪,产生焦虑、抑郁症状,加重已有的心理疾病。此外,雾霾天气会引起和加重哮喘、鼻咽炎等慢性病症状,导致睡眠质量下降、学习效率低下等,从而间接加重心理压力,影响心理健康。

二、雾霾天气的防护措施

1. 雾霾天气应减少外出,将户外运动改为室内运动。一定要外出时,需佩戴符合标准的防霾口罩。

2. 雾霾天气不要开窗通风,可选用合适的空气净化装置来改善室内空气。

3. 合理饮食,多吃蔬菜水果,少吃辛辣刺激的食物,保证饮水量。

4. 规律作息,保证充足的睡眠,提高自身免疫力。

第四节 垃圾分类

2019年7月1日,《上海市生活垃圾管理条例》(以下简称《条例》)正式实施。根据规定,个人或单位未按规定分类投放垃圾将面临处罚。其中还明确规定,餐饮服务提供者和餐饮配送服务提供者不得主动向消费者提供一次性筷子、调羹等餐具;旅馆经营单位不得主动向消费者提供客房一次性日用品。

一、垃圾分类的意义

1. 节省土地资源。目前我国的垃圾处理多采用填埋和堆放的方式，垃圾分类可以去掉可回收的、不易降解的物质，减少垃圾数量，从而减少占地。

2. 提高生活垃圾回收和资源化利用效率。如矿泉水瓶等塑料、旧报纸杂志等废纸、易拉罐等金属进行回收再利用，既环保又节约资源；另外垃圾中的其他物质如酒瓶镜子等玻璃、废弃衣服等纺织物也能转化为可利用资源。

3. 减少环境污染，促进人群健康。如含水率高、以易腐有机成分为主的厨房垃圾，将其单独分类，既可以生产出优质有机肥、改善土壤肥力、减少化肥施用量，又可提高其他垃圾的焚烧热值，降低生活垃圾焚烧二次污染的控制难度。再如镍镉电池中的镉、铅蓄电池中的铅、碱性锌锰电池中作为添加剂的汞等都是有毒金属，而化妆品、油漆、日光灯管、水银温度计、过期药品等处理不当也都是环境杀手。这些有害物质随着生物地球化学循环进入到整个生态圈中，污染水源和土地，再通过植物或者动物，最终影响到人们的身体健康。因此将有害垃圾单独分类，有利于生活垃圾的无害化处理，减少水、土壤和大气污染。

4. 提高民众的环保素养和价值观念。垃圾分类能够使民众养成良好的生活习惯，学会节约资源、利用资源，提高个人的环保素养。对于大学生而言，垃圾分类是健康生活方式的一部分，更是培养青年学子环保意识和自律生活的重要举措。

二、正确进行垃圾分类

根据《条例》，上海市生活垃圾分为可回收物、有害垃圾、湿垃圾、干垃圾四大类。

可回收物指废纸张、废塑料、废玻璃制品、废金属、废织物等适宜回收、可循环利用的生活废弃物。快递纸袋、广告单、纸塑铝复合包装（利乐包）、水果网套、碎玻璃、充电宝、电线、插头、木制品等都属于可回收物。

有害垃圾指废电池、废灯管、废药品、废油漆及其容器等对人体健康或者自然环境造成直接或者潜在危害的生活废弃物。水银血压计、水银体温计、老鼠药（毒鼠强）、杀虫喷雾罐、X光片等感光胶片、相片底片等都属于有害垃圾。

湿垃圾即易腐垃圾，指食材废料、剩菜剩饭、过期食品、瓜皮果核、花卉绿植、中药药渣等易腐的物质生活废弃物。蛋壳、鱼骨、碎骨、西瓜籽、茶叶渣、咖啡渣、宠物饲料等属于湿垃圾。

干垃圾即其他垃圾，指除可回收物、有害垃圾、湿垃圾以外的其他生活废弃物。包括餐巾纸、卫生间用纸、尿不湿、猫砂、狗尿垫、污损纸张、烟蒂、干燥剂、污损塑料、尼龙制品、编织袋、防碎气泡膜、大骨头、硬贝壳、硬果壳（椰子壳、榴梿壳、核桃壳、玉米衣、甘蔗皮）、硬果实（榴梿核、菠萝蜜核）、毛发、灰土、炉渣、橡皮泥、太空沙、带胶制品（胶水、胶带）、花盆、毛巾、一次性餐具、镜子、陶瓷制品、竹制品、成分复杂的制品（伞、笔、眼镜、打火机）等。

三、如何引导大学生开展垃圾分类

首先应提高大学生进行垃圾分类的意识，明确态度，了解垃圾分类的基本知识；其次应加大宣传和教育，扩展大学生获得相关知识的途径，如通过海报、标语、宣传册、多媒体、宣传日活动等,普及垃圾分类的意义和基本知识;第三是完善基础设施,提供分类垃圾桶,并增加垃圾桶数量,每类垃圾桶标注常见的生活垃圾种类,增加大学生进行垃圾分类的便利性;第四是完善相关规章制度,并广泛采纳学生的建议,提高学生关于垃圾分类的参与度;第五是建立适当的奖惩机制,各部门就垃圾分类通力协作并进行长效监督管理。

附件1：健康状况信息登记表

健康状况信息登记表

年　月　日

姓名：	性别：□男　□女		年龄：
学校名称：	年级（学生）：	班级/院系（部门）：	
国籍：	身份证号/护照号：		
在沪居住（暂住）地址：			
户籍地址：			
电话（自己）：		监护人/紧急联系人电话：	
寒假期间是否离沪：□是□否（若选"否"跳转至体温）		目的地：	
返程日期：　　年　月　日	交通方式： □飞机（班次） □火车（车次） □汽车（抵沪时间） □自驾 □其他		
返程是否经过湖北： □是,具体地点为：_____ □否			
同行人姓名及联系方式：			
体温：　　℃			

续　表

本人抵达上海前14天： □ 居住/途经湖北省武汉市（日期：　　　　　），或赴湖北省武汉市旅游（日期：　　　　　） □ 居住/途经湖北省（除武汉市）（日期：　　　　　），或赴湖北省（除武汉市）旅游（日期：　　　　　） □ 近距离接触过来自湖北省（尤其武汉市）的发热伴有呼吸道症状患者（日期：　　　　　） □ 近距离接触过新型冠状病毒肺炎疑似/确诊患者（日期：　　　　　） □ 居住/途经外地（除湖北省）（地点：　　　日期：　　　），或赴外地（除湖北省）旅游（地点：　　　日期：　　　） □ 其他特别情况（日期：　　　　　） □ 无上述情形
最近2周是否有过以下情况： □ 近距离接触过新型冠状病毒患者或疑似患者（日期：　　　　　） □ 近距离接触过处在观察期的新型冠状病毒患者或疑似患者的密切接触者（日期：　　　　　） □ 近距离接触过从外地回来未满14天的人（日期：　　　　　） □ 无上述情形
本人目前健康状况： □ 发热　　　□ 咳嗽　　　□ 流涕　　　□ 咽痛　　　□ 咳痰 □ 胸痛　　　□ 肌肉酸痛/关节痛　　□ 气促　　□ 腹泻　　□ 乏力 □ 畏寒　　　□ 结膜充血　　□ 无上述异常症状

本人承诺以上提供的资料真实准确。如有不实，本人愿承担由此引起的一切后果及法律责任。

填报人：_____　　　填报日期：_____

附件2：隔离观察结束承诺书

隔离观察结束承诺书

本人承诺，已 ☐ 自我居家隔离观察 或 ☐ 集中隔离观察（请选择隔离观察方式）14天，身体状况良好，共同隔离人无不适。同时，将进一步注意返沪返校期间个人安全防护工作。

姓名：

身份证号：

学校：

部门/年级班级：

联系电话（学生填监护人联系电话及与联系人关系）：

隔离时间：

隔离地点：

共同隔离人：

其他说明：

（签名）

年 月 日

附件3：学校防控新型冠状病毒防护用品清单

学校防控新型冠状病毒防护用品清单

种　类	物　品　名　称
体温检测	热成像人体测温仪器
	测量体温的红外线额温枪
	耳温枪
	水银体温计
消毒药品	含氯或含溴消毒片
	漂白粉
	医用酒精
	酒精棉球
	1%过氧化氢湿巾
	1%过氧化氢消毒液或二氧化氯消毒液
	洗手液
	免洗手消毒液
消毒器械	高温（蒸汽或煮沸）消毒器械
	移动式紫外线消毒灯
	超低容量喷雾器
	常量喷雾器
	微酸性次氯酸水生成器
	呕吐物应急处置包

续 表

种 类	物 品 名 称
防护用品	一次性使用医用口罩、医用外科口罩、医用防护口罩
	一次性橡胶/丁腈手套
	一次性隔离衣
	医用防护服
	防护鞋套
	护目镜或防护面屏
	医疗废物专用袋
高 配	循环风空气消毒机
	红外线体温监测仪

注：终末消毒工作须在疾控部门的指导下开展。

附件4：学校消毒技术要点

学校消毒技术要点

（包含托幼机构、中小学校、中等职业学校、高等学校、老年大学和社区学校）

消毒对象	消毒方式、频次与要点	消毒因子、浓度及消毒时间	注意事项
空气	1. 开窗自然通风，每日至少2次，每次30 min以上。 2. 不能开窗通风或通风不良的，可使用电风扇、排风扇等机械通风方式。 3. 必要时使用循环风空气消毒机消毒，应持续开机消毒。	循环风空气消毒机建议杀菌因子为纳米或等离子体。	1. 循环风空气消毒机使用时应关闭门窗。 2. 按产品使用说明书对循环风空气消毒机进行维护保养。
空调等通风设备	1. 排风扇等机械通风设备每周清洗消毒1次。 2. 分体空调设备过滤网和过滤器每周清洗消毒1次。 3. 暂停使用集中空调通风系统，必须使用的，定期清洗消毒。	有效浓度为100 mg/L的微酸性次氯酸水或250～500 mg/L含氯(溴)或二氧化氯消毒液，消毒10～30 min。	1. 消毒前先去除挡板上的积尘、污垢。 2. 集中空调通风系统的清洗消毒应由具有清洗消毒资质的专业机构完成。

续 表

消毒对象	消毒方式、频次与要点	消毒因子、浓度及消毒时间	注意事项
物体表面	1. 经常接触或触摸的物表面,如门把手、窗把手、合面、桌椅、扶手、水龙头、电梯按钮等每天消毒2～3次。 2. 不易触及的物体表面同每天进行1次。 3. 使用消毒湿巾或抹布进行擦拭消毒或常量喷雾器喷洒消毒。	有效浓度为100 mg/L的过氧乙酸性次氯酸水或1%过氧化氢湿巾或消毒液或250 mg/L含氯(溴)消毒液或100～250 mg/L二氧化氯消毒液,消毒10～30 min。	1. 有肉眼可见的污染时,应先去除可见污染后再行喷洒消毒。 2. 应喷洒至物体表面被完全润湿。 3. 不得与清洗剂合用。 4. 精密设备或操作仪表等使用湿巾擦拭消毒。
地面、墙壁	1. 一般情况下,墙面不需要进行常规消毒。 2. 地面每天消毒2～3次。 3. 当地面或墙面受到血液、体液、排泄物、呕吐物或分泌物污染时,清除污染物后,及时消毒。 4. 采用拖抹、擦拭或常量喷雾器喷洒消毒。	有效浓度为100 mg/L的过氧乙酸性次氯酸水或250～500 mg/L含氯(溴)或二氧化氯消毒液,消毒10～30 min。	消毒前先清除地面的污迹,其他同物体表面。
洗手水池、便器、盛装吐泻物的容器、痰盂(杯)等	1. 洗手水池、便器等每天2次擦拭消毒。 2. 盛装吐泻物的容器、痰盂(杯)等每次使用后及时浸泡消毒。	500～1 000 mg/L含氯(溴)消毒液或250～500 mg/L二氧化氯,消毒15～30 min。	每次用后清洗或冲洗干净,保持清洁。

续 表

消毒对象	消毒方式、频次与要点	消毒因子、浓度及消毒时间	注意事项
毛巾、被褥、台布等纺织品	每周清洗消毒1次。	1. 流通蒸汽100 ℃作用20~30 min。 2. 煮沸消毒作用15~30 min。 3. 在阳光下暴晒4 h以上。	毛巾应一人一巾一用一消毒，或使用一次性纸巾；被褥应一人一套。
电话机、传真机、打印机、电脑键盘、鼠标、小件办公用品	1. 表面擦拭清洁消毒。 2. 每周消毒1~2次。	1%过氧化氢湿巾或75%酒精或有效浓度为100 mg/L的微酸性次氯酸水，消毒10~30 min。	消毒到规定的时间后，用清水去除残留。
餐桌、餐茶具、熟食盛具	1. 餐桌使用前应擦拭清洁消毒。 2. 餐茶具和熟食盛具应专用或一用一清洗消毒。	1. 流通蒸汽100 ℃作用20~30 min。 2. 煮沸消毒作用15~30 min。 3. 按说明书使用消毒箱（柜）。	1. 应符合《中华人民共和国食品安全法》等相关规定和要求。 2. 严格执行"一洗二冲三消毒四保洁"制度。 3. 餐茶具和熟食盛具的消毒首选物理方法。

续 表

消毒对象	消毒方式、频次与要点	消毒因子、浓度及消毒时间	注意事项
文体活动用品、玩具	1. 耐热耐湿物品可用流通蒸汽。 2. 不耐热的物品，如塑料、橡皮、木器类文体活动用品和玩具擦拭或浸泡消毒。 3. 纸质、长毛绒类文体活动用品和玩具可置阳光下暴晒或使用臭氧消毒器消毒。 4. 每周消毒1～2次。	1. 流通蒸汽100 ℃作用20～30 min。 2. 煮沸消毒作用15～30 min。 3. 在阳光下暴晒4 h。 4. 1%过氧化氢湿巾或消毒液或250 mg/L含氯（溴）消毒液或100～250 mg/L二氧化氯消毒液，消毒10～30 min。 5. 臭氧消毒器按使用说明书操作。	定期用清水清洗，可使用洗涤剂与温水清洗，以加强污垢的去除效果；有缝隙的文体活动用品和玩具还可用刷子刷洗。
清洁用具	1. 不同的区域应使用不同的拖布和抹布。 2. 每次使用后浸泡消毒。	有效浓度为100 mg/L的微酸性次氯酸水或250～500 mg/L含氯（溴）或二氧化氯消毒液，消毒30 min以上。	1. 拖布和重复使用的抹布用完后应洗净，悬挂晾干，有条件的可烘干后存放。 2. 清洁桶应在每次清洁使用后用温水和清洁剂清洗，充分干燥后倒置储存。

续 表

消毒对象	消毒方式、频次与要点	消毒因子、浓度及消毒时间	注意事项
呕吐物、分泌物、腹泻物	1. 用消毒干巾（含高水平消毒剂）覆盖包裹呕吐物，作用一定时间后，在穿戴好口罩、手套和隔离衣的情况下用覆盖的消毒干巾处理呕吐物丢入废物袋，再用消毒湿巾（含高水平消毒剂）或浸有消毒液（高水平消毒剂）的擦（拖）布擦（拖）拭可接触到呕吐物的物体表面及其周围。 2. 马桶、便池或洗手池内的呕吐物等，应先均匀撒上含氯（溴）消毒粉（如漂白粉）进行覆盖，盖上马桶盖，作用30 min后用水冲去。	1. 呕吐物应急处置包，消毒干巾覆盖5 min，消毒湿巾擦拭消毒5 min。 2. 漂白粉覆盖30 min。	1. 不可使用拖布或抹布直接清理。 2. 呕吐物处置应由保育员（老师）执行，不得由儿童（学生）执行。 3. 儿童（学生）发生呕吐后，当班保育员（老师）应立即疏散周围的儿童（学生）。 4. 处理呕吐物时应穿戴好口罩、手套和隔离衣。
手	1. 一般情况下采用流动水和洗手液，按照七步洗手法，充分搓洗。 2. 必要时可用合格的免洗手消毒剂消毒。		1. 学校应在儿童、学生就餐场所提供足够的水龙头。 2. 学校应在餐厅、图书馆、体育馆、教室、宿舍楼等入口处提供免洗手消毒剂。

续 表

消毒对象		消毒方式、频次与要点	消毒因子、浓度及消毒时间	注意事项
手				3. 不建议托幼机构儿童随意使用含醇类的免洗手消毒剂。
校车、公务车等	空气	超低容量喷雾（气溶胶喷雾）消毒。	1%过氧化氢或0.1%～0.3%过氧乙酸或250～500 mg/L二氧化氯消毒液，消毒30 min。	1. 关闭车窗和其他车门，使车辆尽可能密闭。 2. 作业期间关闭空调。 3. 作业完成后开启空调。
	物体表面	常量喷雾消毒；配合过氧化氢（含氯）消毒湿巾擦拭消毒。	1%过氧化氢消毒液或250～500 mg/L含氯（溴）消毒液或二氧化氯消毒液，消毒10～30 min。	1. 有肉眼可见的污染时，应先去除可见污染再行喷洒消毒。 2. 应喷洒至物体表面被完全喷湿。 3. 不得与清洗剂合用。 4. 精密设备或操作仪表等使用湿巾擦拭消毒。

一、托幼机构、中小学校在按照《上海市托幼机构和中小学校消毒技术规范》(沪疾控传防〔2017〕82号)开展日常预防性消毒的基础上,增加消毒频次;中等职业学校、高等学校、老年大学和社区学校按照以上要求开展预防性消毒工作。

二、对于重点人员隔离观察期间的消毒按照《上海市新型冠状病毒肺炎隔离医学/健康观察感染控制与消毒技术指南(第二版)》中的消毒要求执行。消毒人员应做好相应的个人防护措施。

三、出现可疑症状的人员时,学校在区疾病预防控制中心的指导下对可疑病人生活、学习或工作等可能污染的场所开展终末消毒工作。具体消毒方法按照《上海市新型冠状病毒感染的肺炎疫情防控方案(第五版)》中《上海市新型冠状病毒感染的肺炎现场消毒技术指南(第五版)》要求执行。消毒人员应做好相应的个人防护措施。

附件5：师生发生或疑似传染病个人报告单

师生发生或疑似传染病个人报告单

姓名：　　　　　　　性别：

年龄：　　　　　　　班级：

　　本人假期内　　　（是/否）发生过传染病或疑似传染病，疾病名称　　　　　（如肺结核、疑似肺结核等所患传染病或疑似传染病名称），现提供相关证明（如有发生，请提供医疗机构的诊断资料）。

　　目前，该病（是/否）已治愈（如治愈，请提供相关证明）。

　　填报人：　　　　　　　年　月　日

附件6：Young 网络成瘾量表

Young 网络成瘾量表

根据你的实际情况如实回答下列问题	几乎没有	偶尔	有时	经常	总是
1. 你觉得上网的时间比你预期的要长吗？	1	2	3	4	5
2. 你会因为上网忽略自己要做的事情吗？	1	2	3	4	5
3. 你更愿意上网而不是和亲密的朋友待在一起吗？	1	2	3	4	5
4. 你经常在网上结交新朋友吗？	1	2	3	4	5
5. 生活中朋友、家人会抱怨你上网时间太长吗？	1	2	3	4	5
6. 你因为上网影响学习了吗？	1	2	3	4	5
7. 你是否会不顾身边需要解决的一些问题而上网查 E-mail 或看留言？	1	2	3	4	5
8. 你因为上网影响到你的日常生活了吗？	1	2	3	4	5
9. 你是否担心网上的隐私被人知道？	1	2	3	4	5
10. 你会因为心情不好去上网吗？	1	2	3	4	5
11. 你在一次上网后会渴望下一次上网吗？	1	2	3	4	5

续　表

根据你的实际情况如实回答下列问题	几乎没有	偶尔	有时	经常	总是
12. 如果无法上网你会觉得生活空虚无聊吗？	1	2	3	4	5
13. 你会因为别人打搅你上网而发脾气吗？	1	2	3	4	5
14. 你会上网到深夜不去睡觉吗？	1	2	3	4	5
15. 你在离开网络后会想着网上的事情吗？	1	2	3	4	5
16. 你在上网时会对自己说"就再玩一会"吗？	1	2	3	4	5
17. 你会想方法减少上网时间而最终失败吗？	1	2	3	4	5
18. 你会对人隐瞒你上网多长时间吗？	1	2	3	4	5
19. 你宁愿上网而不愿意和朋友出去玩吗？	1	2	3	4	5
20. 你会因为不能上网变得烦躁不安、喜怒无常，而一旦能上网就不这样吗？	1	2	3	4	5